本书出版得到国家古籍整理出版专项经费资助

世界的中国
SHIJIE DE ZHONGGUO

世界眼光中的孔子

施忠连 著

中华书局　上海古籍出版社

图书在版编目（CIP）数据

世界眼光中的孔子/施忠连著. —北京：中华书局，上海古籍出版社，2010.3（2015.11 重印）
（文史中国）
ISBN 978 - 7 - 101 - 07060 - 6

Ⅰ.世…　Ⅱ.施…　Ⅲ.孔丘（前 551 ~ 前 479）- 哲学思想 - 青少年读物　Ⅳ.B222.2 - 49

中国版本图书馆 CIP 数据核字（2009）第 184264 号

书　　名	世界眼光中的孔子
著　　者	施忠连
丛 书 名	文史中国
责任编辑	郭子建
出版发行	中华书局

（北京市丰台区太平桥西里 38 号　100073）
http://www.zhbc.com.cn
E-mail：zhbc@ zhbc.com.cn
上海古籍出版社
（上海市瑞金二路 272 号　200020）
http://www.guji.com.cn
E-mail：gujil@ guji.com.cn

印　　刷	北京瑞古冠中印刷厂
版　　次	2010 年 3 月北京第 1 版 2015 年 11 月北京第 5 次印刷
规　　格	850×1168 毫米　1/32 印张 3½　字数 50 千字
印　　数	21001 - 23000 册
国际书号	ISBN 978 - 7 - 101 - 07060 - 6
定　　价	14.00 元

《文史中国》丛书
出版缘起

《文史中国》丛书的策划编撰，始于2004年。

这一年，中共中央、国务院明确了一项重大的文化战略："对未成年人进行以爱国主义为核心的伟大民族精神的教育"，要求通过中华民族优良传统和悠久历史的教育学习，引导广大青少年"从小树立民族自尊心、自信心和自豪感"。

有鉴于此，中华书局和上海古籍出版社——中国南北两家以弘扬中华传统文化为己任的著名出版社——决定联手合作，出版一套为青少年量身度制的高质量的传统文化系列图书，其初命名为《长城丛书》，计16个系列、约160种图书。计划得到了有关部门的高度重视，很快列入了"'十一·五'国家重点图书出版规划"与"国家古籍整理出版'十一·五'重点规划"。

2005年，中宣部策划组织的弘扬伟大民族精神的重点出版工程——"民族精神史诗"全面展开。《长城丛书》之"文史知识"部分，又被吸纳为这项重大文化工程之一，并以《文史中国》为名，正式启动。经过近五年时间、数十位学者的倾情投入，其第一批成果，终于以清新靓丽的面貌，呈现在广大读者的面前。

有别于以往的传统文化读物，《文史中国》的宗旨可概括为一句话：题材是传统的，眼界是当代的。因此除了科学性与可读性相统一的常规标准外，丛书从选目到撰写，更要求以一种世界性的文化视域来透析中华文化的深刻意蕴。而"中华"与"上古"深厚的学术底气与近十年来的创新精神，正是践行这一宗旨的可靠保证。

《文史中国》丛书首批共38本，分为四个系列："辉煌时代"、"世界的中国"、"文化简史"、"中华意象"。四个系列互相联系，同时又自成体系，为读者多视角多侧面地展示中华文明。

"辉煌时代"系列共10本，选择中国五千年历史上十个辉煌的时代，作横断面的介绍与分析，以显示开放心态和创新精神是中华民族发展振兴的主体精神。

"世界的中国"系列共10本，集中表现中华文化与世界各民族文化的交流与融合，以展现中华文明是人类文明的共同组成部分，强调中国与世界的开放共荣、和谐共处是中华文化的固有精神。

"文化简史"系列共10本，从中国人文化生活的各部类入手，历时性地介绍中国人知行合一的生活情趣，高尚优雅的审美理念，以及传承有序、丰富多姿的文化积累，从而为当代人的生活文化与中国文化走向世界提供启示。

"中华意象"系列共8本，选取最能够体现中华民族主体思想的、具有象征意味的意象，进行深入的解析。"龙凤""金玉"等意象早已经成为中华民族的文化符号，它们以其特有的形象和意涵，展示着中国人特有的精神世界，并丰富着全人类的文化符号。

全中国的中小学生、全世界的华人学子，是《文史中国》丛书的当然读者。我们期待着读者们在清新优美的文字和图文并茂的情境中，感受到中华民族"爱国、团结、和谐、奋斗"的伟大的民族精神，成为一个出色的中国人。

今后，无论您走到世界的哪一个地方，无论您从事哪一项职业，无论您身处顺境还是逆境，您都可以骄傲地大声说："是的，我是中国人！"

中华书局　上海古籍出版社

2009年7月

Mulu
目录

第一章

万世师表

孔子在英、美等国被列为世界十大思想家之首，又被联合国教科文组织评为世界十大文化名人之一。孔子是东方文化的代表，他的名字被用来指称东方价值体系。西方的国际战略家把东亚文明称为"儒家文化"，认为它同基督教文化和伊斯兰文化一样，是决定当今和未来世界走向的三种最重要的文化之一。"儒家文化"在英文中写为"the Confucian Culture"，直译就是"孔子主义文化"。

孔子在世界上享有崇高的地位和声誉，这决不是由于少数人的偏爱，而应当归因于孔子本人的理想和思想，他的追求和奋斗，他的人格和精神，也是由中华民族发展的波澜壮阔的宏伟历史过程造成的，是同他的哲学对中国和东方各民族、以至于世界的深刻影响，以及在当今世界的意义和作用分不开的。

追求理想的一生

孔子名丘，字仲尼，鲁国陬邑（今山东省曲阜东南）人。他的先祖为宋国贵族。其曾祖父孔防叔为逃避内乱，迁移到鲁国定居，曾为鲁防邑宰。孔子父亲名纥，曾任陬邑大夫。孔子生于公元前551年，卒于公元前479年，生活于春秋（前770－前476）晚期。一个与孔子同时代的人曾经评论他是"知其不可而为之者"（《论语·宪问》），这是对孔子非常准确而传神的描绘。

孔子像

　　春秋时期政治上最大的特征是周王室不断衰微，诸侯国相继兴起称霸。强国为了争夺土地、人口以及对其他诸侯国的支配权，不断进行兼并战争。与此同时，诸侯国中统治集团内部争权夺利的互相残杀的悲剧也层出不穷。鲁国编年史《春秋》记载的二百四十二年间（前722－前481），弑君三十六人，亡国五十二个，大小征战不计其数，到后期战争的规模越打越大，人民由此遭受深重的苦难。

　　孔子就是生活于这样的时代环境中，他对百姓的不幸深表同情，对统治阶级的暴行极其痛恨。他向往一个没有战争的世界，以拯救百姓于水火为己任，有志于建立一个和谐的社会，人们之间没有欺诈、残杀，相互信赖，互敬互爱，互相帮助。为此他一生殚精竭虑，四处奔走，力图改良政治，消弭人世间种种罪恶和形形色色的丑恶现象。他提出的各种观念和理论就是在追求其理想、探索解决面临的时代课题的途径的过程中形成、成熟和发展起来的。孔子的主张反映了人民的要求，要触动当权者的利益，所以总是遭到他们的拒绝。他深知他的理想在当时社会是难以实现的，但是他始终坚持不懈，奋斗不止，直至生命的最后一息，终于成为东方的文化伟人。

职司委吏

太庙问礼

　　孔子三岁丧父，家境贫穷，曾经做过管理仓库、放牧牛羊这类当时为上流社会看不起的事情。他从小好学，自言"吾十有五而志于学"（《论语·为政》），很早形成了极高的学习自觉性。他学无常师，善于向一切道德高尚、有知识或技艺的人学习。他说："三人行，必有我师焉。择其善者而从之，其不善者而改之。"（《论语·述而》）相传他曾向老子问礼，向苌弘学乐，向师襄学琴，向郯子了解古代典章制度。据记载，孔子进入祭祀君主祖先之祠庙即太庙时，凡他不清楚的礼器和仪式每样都要向人请教。由于长期孜孜不倦地刻苦学习，他以博学而闻名于世。

　　从三十岁以后孔子开始收徒讲学。后来参加鲁国的政治活动，曾随鲁昭公逃亡齐国，大约四十三岁时回到鲁国，整理《尚书》、《诗经》、礼、乐，广招弟子，传授传统文化知识。五十一岁时任中都（今山东省汶上县）宰，有政绩。因此他升为司空，负责建筑工程。不久他又被提拔为大司寇，主管司法，并兼理外交事务。孔子一生仕鲁仅四年，而任大司寇的时间最长，从五十二岁到五十五岁，其间曾代理宰相三个月。

化行中都

　　任职期间孔子表现了卓越的政治、外交才能。他任中都宰，实行富民政策，仅过了一年，他所管辖的地区就出现了人民安居乐业、各得其所的太平景象，他的政治举措被许多地方仿效。公元前500年（鲁定公十年），齐、鲁两国盟会于夹谷（在今山东莱芜市南，当时属于齐国），商讨解决两国的纠纷。齐国依仗自己的实力强于鲁国，事先布置当地莱人以武力劫持鲁君。孔子早有防范，命令武士还击，并义正词严地责备齐君背信弃义，齐景公只得令莱人退下。在缔约的时候，齐国单方面加上这样一个条款：齐军出征时，鲁国不以甲车三百乘随征，即视为毁约。孔子针锋相对，提出如若齐国不归还鲁国的汶阳之田，也视为毁约。最后齐景公要宴请鲁定公，孔子为了防止发生意外，根据礼制指出此举的不当，齐君只得作罢。盟会后齐国归还了所侵占的鲁国郓、汶阳、龟阴之田以谢过，鲁国取得了外交上的重大胜利。夹谷之会充分显示了孔子政治上的忠诚、勇敢、机智和多谋善断。

　　由于孔子理政，鲁国政治面貌一新，齐国君臣听说后十分恐惧，怕鲁国强大后不利于己，于是实行离间计，挑选善于音乐舞蹈的美

因膰去鲁

在陈绝粮

女八十人和一百多匹毛色有文采的马送给鲁君。鲁君数日沉迷于女乐而不闻政事，孔子多次谏诤不听。他在遭鲁定公冷遇后觉得再也不能实现自己的政治抱负，于是率领弟子多人，于五十五岁开始周游列国。

孔子师生周游列国时间长达十四年，到过卫、宋、陈、蔡、楚等国，游说诸侯，均未见用；一路上颠沛流离，历经种种艰难困苦。在卫国先是受到优待，后来行动受到监视，孔子只得离开。在路过匡地的时候，被当地人误认为是他们的敌人阳虎，被围困了五天。在宋国因获罪于权臣司马桓魋而微服离去。孔子师生在陈、蔡之间绝粮七日，弟子饿得面黄肌瘦，有的病倒了，但是孔子丝毫也没有动摇自己的信念。

公元前484年（鲁哀公十一年）时，孔子六十八岁，他的学生冉求在鲁国已经担任要职，齐军入侵鲁国时，他统帅的军队打了大胜仗，于是便乘机向宰相季康子推荐孔子，获得允许。不久，鲁国

匡人解围

朝廷派出官员，带着钱币，到卫国迎接孔子返回祖国，由此孔子在其垂暮之年结束了长期的漂泊生活。

晚年他被尊为"国老"，国君和重臣常以政事相询，但是未加重用。此时他的弟子遍天下。他们活跃于各国政坛，在鲁国担任职务的特别多。孔子通过其弟子以自己的政治主张影响鲁国政务。与此同时他殚精竭虑整理古籍，尤其用力于修当时的现代史《春秋》，以寄托自己的政治主张。公元前479年（鲁哀公十六年），孔子在七十二岁时去世，安葬于鲁城北泗上。

孔子是儒家学派的创始人。他去世以后，其弟子广泛传播其学说，颂扬其人格，并且丰富、发展其思想。到战国中期，儒学已成为流传于各国的显学，孔子已成为世所公认的圣人。

《论语》描绘的孔子精神

孔子一生的言行和事迹真实地记载于《论语》之中，此外，在《左传》等书中也有一些反映。孔子生前，弟子各记所闻，"夫子既卒，门人相与辑而论纂，故谓之《论语》"（《汉书·艺文志》）。《论语》共二十篇，记录了孔子的谈话、答弟子问，主要是孔子在人生种种境遇中谈思想、理想、学术、政事，评论历史人物、时人、弟子的人格品性。此外书中还有弟子间的谈话，他们表达了对孔子思

《论语》书影

想的理解和对孔子人格的崇敬，另有少数篇章记录时人对孔子思想
行为的评价、以至于批判。

汉文帝时曾设立《论语》博士，《论语》首次列于学官。汉武
帝独尊儒术，《论语》的主要版本都立于学官。此后《论语》被视
为五经的纲要，通儒学必读之书。东汉时《论语》列入"七经"。
南宋朱熹将它同《孟子》、《大学》、《中庸》合编为《四书》，并为
之注，成为后来数百年间科举考试的必读书籍，对中国的政治、经
济、文化、社会关系的演变，对人的精神生活和学术思想的发展，
乃至对整个东亚文明的定向，都产生了极其巨大的影响。

《论语》的最大价值，是通过记述孔子的思想、观念，塑造儒
学形成时期以孔子为核心的儒家主要人物的形象，描绘孔子的精神。
细读《论语》，你会感觉到犹如迈入了一个巍峨、金碧辉煌的庙堂，
其中耸立着众多栩栩如生的群像。佛教庙宇既有众佛之上的释迦牟
尼巨像，又有立于门厅、威灵显赫的四大金刚，还有面貌神态各异
的五百罗汉，与此相似，《论语》中有被弟子比为日月、无人能及
的崇高的孔子形象，又有颜回、子贡、子路、冉求等孔门杰出高徒，

还有众多性格各不相同的知名弟子。与佛教不同的是，儒家群像放射出来的不是神性、而是人性的光辉；他们不是令人敬畏的木石偶像，而是有血有肉、自然亲切、却又令人敬佩的感人形象，这使《论语》所表达的观念显得极其生动、形象，富有感染力，回味无穷，具有十分广阔的想象空间，这是《论语》在思想和艺术上所取得的伟大成就，对于儒学的发展起了无可估量的作用。根据《论语》我们发现：

孔子是个胸怀博大、关爱他人、尤其是深切地同情穷苦百姓的人道主义者。他时时处处教人热爱他人，尽力帮助人，主张要尊重他人，特别注意不要无故伤害他人，叮咛说："己所不欲，勿施于人。"（《雍也》）他的志向是："老者安之，朋友信之，少者怀之。"（《公冶长》）有次他上朝回家，获悉马厩失火，马上问烧伤人了没有，不问马的损失。由于他极端重视人的价值，所以严厉地批评统治者不顾百姓的死活，随意征召他们去打仗，说如果不先对老百姓加以训练，便要他们去打仗，这就叫抛弃他们（见《子路》第三十章）。在另外一个地方他又指出对百姓不加以教育，一旦他们犯了一点过错就判处死刑，这就叫做暴虐（见《尧曰》第二章）。他认为老百姓中出现的问题，其根子都是在统治者的贪婪凶残。鲁国执政季康子担忧偷窃，问孔子怎么办，孔子回答说：假如你自己不贪图财物，就是奖励偷窃，老百姓也不会去干的（见《颜渊》第十八章）。这里孔子的立场是十分鲜明的，他是站在被压迫的人民一边，为他们辩护，反映他们的要求，揭露统治阶级的罪行和丑恶。

孔子是个视野广阔、认识深邃的思想家。他思考的范围几乎涵盖了古代中国文化视野的一切领域，虽然对其中各个部分他的探索和认识的深度不尽相同。他善于抓住每一重大领域中的根本问题，并且能归纳、总结出一些最重要的概念或范畴，规定它们之间的关系。关于人类文明总体的发展，孔子提出了仁与礼范畴。仁指内在的、卓越的精神，礼指外在的制度、礼仪、风俗和行为。他规定仁是礼的内涵和灵魂，礼是仁的表现和实现。在文明的发展与文化传统的关系上，他总结出"因"与"益"、"损"、即继承与更新这两个概念，既反对毫不负责地破坏、全盘否定传统，又拒绝对传统毫不变更的保留。对于个人的道德修养，从博与约这两个方向来要求。博是广泛地求知，而约则是集中地、收缩地向内努力，这要约束，这两方面要很好地配合，才能造就精神高尚、真正有用的人材。孔子以高屋建瓴的姿态，从总体上把握理论问题，虽然对一些理论问题他语焉而不详，但他开辟了一个方向，指明了一个可以不断开拓的广阔空间，显示了古代文化伟人的精神、眼光、见识和风范。

孔子是个勤奋好学、知识渊博的学者。他一生教人好学，他自己也正是这样做的。他把学而不厌作为自己最值得自豪的事情。他游历过许多国家，每到一地都实地了解历史，考察礼制，对此子贡曾作过说明。卫国大夫公孙朝不明白孔子那么丰富的知识是从什么地方学来的，子贡说文王、武王之道并没有失传，它留传于民间，无处没有文王、武王之道，老师孔子什么都学，他学无常师（见《子张》第二十二章）。经过长期的辛勤努力，他积累了非常丰富的知识，以至于成为各种人求教的对象；而在他的回答问题中既有深刻的见解，又引证大量的古籍，显得极其博学。

孔子是个关爱学生、既严厉又亲切、与学生肝胆相照、心心相印的师长。孔子对弟子的要求是高的，对他们的错误认识、言论和行为的批评有时十分尖锐，但是他始终以全部身心热爱学生，真诚地对待学生。他对学生寄予莫大的期望，说："后生可畏，焉知来者之不如今也。"（《子罕》）他曾经讲过，如果爱一个人，就会为他操劳；如果对此人有一颗赤诚之心，就会全心全意地教诲他（见

公冶长像

《宪问》第七章）。他与学生平等相待，不摆出老师的架子。在卫国孔子进行政治活动时曾拜见卫灵公之妻南子，子路对此表示十分不满，并且当面向他提出意见，孔子不是摆出老师的架子来教训子路，而是向他发誓：说假如自己做了什么不当的事情，天惩罚我，天惩罚我！（见《雍也》）他对学生的艰难困苦表现了深深的同情，并且尽力帮助他们。公冶长被关进监狱，但孔子认为他没有罪过，就把自己的女儿嫁给他。颜渊去世，孔子哭得十分悲伤，跟随他的人劝慰他说：老师太悲痛了。孔子回答道：我不为这个人悲痛还为谁悲痛呢？（见《先进》第十章）表现了他与学生血肉相连的情感。

孔子是个谦虚谨慎、温和恭敬的君子。《学而》篇指出孔子一贯"温良恭俭让"，所以到处受到敬重。《乡党》篇描绘孔子平时在乡里"恂恂如"，即显示出温和恭顺的样子；他为了尊重他人，不急于表达自己的意见，总是先认真听取别人的看法；在乡里对长者处处表现出尊敬的态度，与乡人一起饮酒，结束后他一定要长者先行。

孔子是个情感率真、爱憎分明的人，他说过："唯仁者能好人，

端木赐字子贡卫人赠
黎侯

子贡像

能恶人。"(《里仁》)这可谓夫子自道,他自己正是这样做的。他毫无顾虑地表露自己的真实感情。他从不以假道学的面孔教训人,而是以坦诚的胸怀与人交流思想感情。子贡希望了解独善其身与经世致用何者更可取,于是问孔子说,这里有一块美玉,是把它收藏在柜子里,还是找一个识货的商人卖掉呢?孔子立即说:卖掉吧,卖掉吧,我正等着识货的商人呢!(《子罕》第十三章)这个回答显得十分幽默,他既没有指责子贡的功利主义,也没有道貌岸然地把自己打扮成不食人间烟火食的圣人。对于他所喜欢的人物、事物或事情,他抑制不住欣喜的心情热情赞扬,而对于他所厌恶的人和事则直率地批评,有时甚至以恶言责骂。孔子有个旧友叫原壤,母亲去世时他竟然放声歌唱,孔子对他十分反感。有次他见孔子来,两腿叉开而坐,显得十分傲慢,孔子对他也不客气,说:你小时候不讲孝悌,长大了又没有什么出息,老了还不死,真是一个害人精!说着用拐杖打他的小腿。(见《宪问》第四十三章)虽然这种做法似乎有损圣人形象,但是《论语》中这段文字却有声有色、绘影绘神写出了一个真实的孔子。

　　孔子是个采取灵活的人生态度的与时俱进者。孔子坚持原则，但是对于实现原则的方式，他采取灵活的态度，不以死板的规定束缚自己，这就是他所说的"无可无不可"的生活态度（见《微子》第八章）。孔子把灵活性称为"权"。在他看来，在坚持原则性的基础上充分发挥灵活性，是一种极其高超的生活艺术。他曾经说过，可以在一起学习的人，未必都可以一起求道；可以一起求道的人，未必都能立于道；可以一起立于道的人，未必都能灵活通权，临机应变（见《子罕》篇第三十章）。可见通权是一种非常高明的得道境界。《论语》反映了他赞同和向往的生活是多种多样的。他既肯定伯夷、叔齐的气节，以隐居保持自身的人格尊严，又赞赏不为旧主死节、投靠新主的管仲，为国家和民族建功立业。他既赞扬他的弟子颜渊的安贫乐道，但又主张"学而优则仕"。他始终反对犯上作乱，但是当晋国人佛肸在中牟反叛，邀孔子前往时，孔子也欲应邀前去，企图借以实现自己的政治主张。这些并不说明孔子无一贯的处世之道，而是表明他根据实际情况、具体条件来决定适当的生活方式。所以孟子称孔子为"圣之时者也"，即是趋时的圣人。他说孔子对于在朝廷任职或辞职这类事"可以速而速，可以久而久，可以处而处，可以仕而仕"（《孟子·万章下》）。这是对孔子人生哲学的一个十分准确的描述。

　　孔子是个饱受忧患而又乐天知命的智者。他一生政治上很不得意，但他对于个人仕途的进退、财富的多寡并不十分在乎，"不义而富且贵，于我如浮云"（《述而》），因此没有为个人权力、地位的失落、个人利益的损失而烦恼痛苦。他遇到过许多挫折和麻烦，有时甚至陷于绝境，但他的乐天知命的生活态度始终不改。当然，孔子这个人也有忧愁和烦恼，他为不能实现自己的政治主张而常常陷于痛苦，有时候思想显得消沉，说他想到少数民族地区去居住（见

《子罕》第14章）。他还假设，如果理想政治不能实现，他就乘木筏到海外去（见《公冶长》第七章）。尽管如此，他凭着自己的使命感，凭着对于传统文化和人民的责任感，凭着他自己的乐观主义的人生哲学，始终不松懈自己的努力，以巨大的精神力量，克服种种消极的情绪，用工作和精神追求来排遣烦恼，恰如他对自己的评论："其为人也，发愤忘食，乐以忘忧，不知老之将至云尔。"（《述而》）

《论语》全方位、多层次、传神地描绘了孔子，完整地展现了孔子的灵魂。《论语》中的孔子形象不是一个干巴巴的道德家，也不是一个干瘪的理论家，也不是一个没有凡人情感的圣人，而是一个有血有肉、十分丰满的真实的历史人物。孔子的一生、他的全部智慧都是在追求一种体现最高真善美的理想人格和理想人生。孔子推崇、倡导的观念与他自己的情感、言论和行为融为一体。孔子所认知的真理同他自己的信仰、心灵、全部生活合而为一。在《论语》中孔子的认识和信念不是空洞、抽象、苍白的，而是他的志趣、他的灵魂的实际追求和全部感情所系。《论语》最终使一个不朽的文化伟人的高大形象耸立于中国历史的原野之上，这是《论语》对中国文化的重大贡献。

正因为有《论语》的精雕细刻的塑造，孔子后来才有可能被称为"大成至圣先师"、"万代师表"。孔子是中国历史上第一个知识分子出身的、全民族公认的精神导师，他不是靠权力，而是靠哲学、道德、学问确立了这样的地位。

古代文化的弘扬者

孔子在中国文化中占据了不可取代的特殊地位，因为他上承他之前的三千年的华夏文化，开启了他之后的二千五百年的中国文明。这一地位的确立在很大程度上是由于他整理、并大力推崇儒家的经

韦编三绝

典。最初被儒家视为权威的著作是五经：即《周易》、《尚书》、《诗经》、《礼》和《春秋》。它们所涉及的知识的范围极其广泛，包括哲学、政治学、伦理学、经济学、法学、历史学、地理学、教育学、社会学、军事学、民俗学、诗歌、音乐、美术、舞蹈，差不多涵盖了古代人文学科的所有领域，可以说是古代文化的百科全书。孔子在整理古代典籍的过程中，突出仁的观念，删除荒诞不经的内容，使之成为培养人、完善人的教科书。

《周易》分为"经"、"传"两部分。前者形成于殷朝后期到西周这段历史时期内，后者形成于从战国早期到西汉中期的期间内，包含了非常丰富的哲学、政治和伦理思想，是中华民族的智慧的来源。孔子对《周易》作过精深的研究，司马迁在《史记·孔子世家》中说孔子由于翻阅《周易》的次数太多，以至于把贯穿竹简的皮绳弄断了三根。传统认为《易传》出自孔子之手。现在学术界普遍认为，《易传》非他所作。但是《易传》有许多托名孔子的言语，而且阐述了孔子许多重要的观念，因此《周易》对于孔子思想的传播产生了巨大的作用。

《尚书》是我国上古时期典章文献和部分追述古代史迹著作的

退修诗书

汇编，由孔子编定。存世《今文尚书》二十八篇，涵盖的历史上自
尧、舜，下至春秋时期的秦穆公，其内容奠定了儒家政治、伦理思
想的基础。孔子的一些观念可以说是《尚书》的思想结晶。他十分
推崇《尚书》，在讲话中引用其中的话语，并且把它作为他教学的
基本内容，从此以后这本书就成了传统教育的主要教材。

《诗经》是我国最早的诗歌总集，由孔子考定整理而成。原先
流传的诗歌有三千多首，孔子去其重复，选择了三百多篇，今存
305篇。孔子特别重视《诗经》，一再对他的学生强调其重要性。他
说："不学诗，无以言"（《论语·季氏》），"诗可以兴，可以观，可
以群，可以怨。迩之事父，远之事君，多识于鸟兽草木之名"（《论
语·阳货》）。他认为在政治、外交活动中都可以运用《诗经》的语
言和思想。孔子经常用《诗经》中的诗句评论人事，在同弟子讨论
它们的意义中探讨哲学、政治和艺术方面的问题。中国是个诗的国
度，民族的艺术素养高，这同孔子重视《诗经》有很大的关系。

《礼》是《周礼》、《仪礼》和《礼记》的合称，《周礼》是战国
时代的儒者根据周王室官制，参照战国时各国制度，附益儒家政治
理想编纂而成。《仪礼》记述周代贵族各种礼节仪式。《礼记》是战

国至西汉初的礼仪论文的汇集，其中也收录了论述儒家关于哲学、政治、经济、道德、教育、艺术的理论的重要著作，如《中庸》、《大学》、《礼运》、《学记》、《乐记》等，它们常常通过孔子之口表达思想，从而在古代具有很高的权威性。由于孔子极其重视礼的观念，因此《礼》在儒家学术中占据重要地位。

《春秋》是鲁国的编年体史书，由孔子删削春秋史书编纂而成。它从鲁隐公元年（公元前722年）起，以鲁国十二公的纪年为序，记载242年间鲁国、以及相关国家的史事，止于鲁哀公十四年（公元前481年）。其文字非常精练简洁，但多寓褒贬之义于其中，意在劝善惩恶。司马迁说："《春秋》之义行，则天下乱臣贼子惧焉。"（《史记·孔子世家》）解说《春秋》最权威的著作有三部，即《左传》、《公羊传》和《穀梁传》，前者主要叙述史实，后二本著作着重阐发《春秋》的思想意义。它们都对中国古代的思想和学术的发展产生很大的影响。

孔子非常热爱古代的文化，在欣赏前人创造的文化精品时常常达到物我两忘的地步。有次他在齐国听到一首古代乐曲《韶乐》，长时间地陶醉于此曲的美妙旋律和它所创造的意境之中，以至于几个月不知肉味。他曾经以极其向往的神情谈到周代的文化，说："周监于二代，郁郁乎文哉！吾从周。"（《论语·八佾》）由于他对先辈创造的文化成果怀有深厚的感情，以传承、弘扬前人的文化为自己的人生使命，所以他以毕生的精力整理、编纂古代的经典，保留了古代文化的精华，又大力提倡对古代文献的学习和研究，并且弘扬其中所包含的民族精神。这样，五经就同孔子的名字联系在一起，而孔子本人则成为古代文化最伟大的象征。

第二章

体现人文精神的思想体系

孔子曾经自称"述而不作"，即只传述、而不创造（见《论语·述而》），这只是孔子的自谦之辞，实际上他在人文领域的许多方面都有自己的创造，他全面发展了古代文化。孔子的思想是围绕着仁、礼、德、义、中、和、信、行八个主要观念展开的，就是在这八个观念的基础上他建立起儒家关于政治、经济、法律、伦理、教育、艺术的理论框架。

仁是孔子的思想核心

仁在孔子之前已成为伦理学上的一个重要概念，是指关爱他人的品质，但它只是一种美德，与其他美德并列。而在孔子那里，仁是他的学说的最高范畴和理论核心。他时时处处讲到仁，《论语》一书言仁有58章，提到仁字109次，此外仁的同义词"爱"字也出现9次，它们把仁的内容开拓到前所未有的广度和深度。孔子对中国哲学的最大贡献就在于把仁发展为各种美德之首和总根源，用以概括和展现理想人格的全部丰富内容。《论语》书中孔子及其弟子还使用、阐明了另外一些相当重要的概念，它们进一步深化和扩展了仁的内涵，孔子的全部思想可以说是仁的观念的展开。

一般地说，仁就是"爱人"（《颜渊》第二十二章，本章以下各篇所注出处均为《论语》篇名），仁爱就是对他人的热爱、同情、

仿古祭孔仪式

关心和帮助。子女对父母的爱是"孝"，弟对兄的敬爱之情称为"悌"，孔子极其重视这两种爱，竭力提倡。《论语》将孝悌规定为仁之本，这是说它们是仁爱之心的起始、发源处，因为人自孩童起只知爱父母、兄长；孩童对父母的爱最自然、热烈、真挚，毫无虚假、做作和功利目的，孔子希望将这种爱加以扩充，由近到远推广到社会各方面的人。孔子的仁不分等级和种族，具有博爱的意义，如他主张"泛爱众而亲仁"（《学而》），"博施于民而能济众"（《雍也》）。

仁是理想人格的总称，因为仁爱的精神必定要在各方面表现出来，显现为人的种种优秀品质。爱人就要尊重他人，要有"恕"的品德，即"己所不欲，勿施于人"，就是尊重别人的人格、尊严和保持自己观点的权利。爱人就能体谅他人，理解他人，所以孔子提倡宽容，批评对犯错误的人采取过于严厉的做法，说："人而不仁，疾之已甚，乱也。"（《泰伯》）爱人就要不惜牺牲个人利益，敢于承担责任，"仁者必有勇，勇者不必有仁"（《宪问》）；爱人就要给人以实际好处，救人急难，这就是"惠"，孔子说："因民之所利而利之，斯不亦惠而不费乎。"（《尧曰》）爱人就要对一切事情采取负责的态度，"出门如见大宾，使民如承大祭"（《颜渊》）。总而言之，仁是各种美好品质的总和，所以他说能行恭、宽、信、敏、惠这五种品质于天下就可以称为仁人了（《阳货》）。因为仁是美德的基础和发展动力，所以从中可以展现出一切美好的人格，使人性绽放灿烂的精神花朵。

在孔子看来，仁的标准是非常高的，因此他不轻易把仁德许人。即使当时或历史上的一些杰出的人物、或他的非常优秀的学生，在许多人看来是属于仁人了，但是孔子还是认为他们仍然没有达到仁的标准。如楚国子文多次担任宰相没有显示出高兴的样子；多次被撤职也没有表现出怨恨之情；每次撤职时他总是负责地把所有的政事交代给新任宰相。这个受到人们广泛赞誉的人，孔子认为他只有忠诚的品质，还算不上仁。孔子最喜欢的弟子、学生中道德品质最高尚的颜回，孔子也只说他有几个月没有违背仁，至于其余的学生只是在短时间中做到仁。

虽然仁的标准极高，但是每一个人都应当努力做到仁。孔子把仁当作做人的根本和人生的终身目标而加以强调。他要求："君子无终食之间违仁，造次必于是，颠沛必于是。"（《里仁》）因为仁是人生的意义和生命的价值所在，所以他提出："志士仁人，无求生以害仁，有杀身以成仁。"（《卫灵公》）这样他就把仁确立为所有的人的精神家园，是每个人的安身立命之处。

按照孔子的说法，仁并不是高不可攀的，人们只要有实行仁的自觉性，就能达到仁。他说："仁远乎哉？我欲仁，斯仁至矣。"（《述而》）这里决定性的因素是发挥个人的主观能动性。所以他强调说："为仁由己，而由人乎？"（《颜渊》）"君子求诸己，小人求诸人。"（《卫灵公》）可见，孔子特别重视人的自我意识，这造成了儒家极其重视人的自尊自重、自强自立、自得自觉的优良传统，他的仁的理论有助于增强人的精神生命力。

与此相关，孔子提出实现仁的方法是忠恕之道，忠就是尽己之力助人；恕就是推己及人。孔子说："己欲立而立人，己欲达而达人。"（《雍也》）可见他不是用某种外在的、固定的道德准则来束缚个体，而是要求发扬自我内在的上进性即善性，把自我的觉悟、自我所认同的精神价值作为出发点，进而帮助别人达到理想的境地。这种方法把自我的完善、自我实现同关爱帮助他人、完善外部世界完美地结合起来了。正是在这种哲学的基础上，他提出了他的政治、经济主张。

在政治上孔子提出治国之道在"节用而爱人，使民以时"（《学而》第五章）。主张对百姓要"宽"，说"宽则得众"（《阳货》），"修己以安百姓"（《宪问》）则被说成是最高尚、完美的品质，他说连尧舜这样的伟大的圣人在这方面也有所欠缺。他正是用是否爱民、是否给人们造福来评价历史人物的功过。齐国管仲因不随其主而死受到非议，被认为不仁，孔子却从其政事是否有利于人民的根本利益的角度，赞扬管仲辅佐齐桓公一匡天下，使百姓免于战乱之苦，享受到实际的好处（《宪问》第十七章）。

在经济上仁爱的观念表现为"富民"的思想。孔子在卫国时看到这个国家人口众多，弟子问他在这样的情况下首先要做什么，他回答说："富之"（《子路》），这反映了他在经济上的基本主张。他提出低税赋，坚决反对统治者与百姓争财富，认为只要百姓富裕了，政府自然不会匮乏，说："百姓足，君孰与不足？百姓不足，君孰与足？"(《颜渊》)他的弟子冉求为鲁国执政季氏聚敛，他就号召众弟子群起而攻之，反聚敛的立场十分鲜明（《先进》）。

在法律上孔子出于仁爱的思想，反对依靠杀人来治国，同情当时法律打击的对象。在他看来，百姓犯法有许多是统治者造成的。他认为消除罪恶主要不是靠暴力和残忍的手段实行惩罚，而是靠教育和感化。在他看来，刑罚是不得已而用的，最好是不用。他曾对人说过，在审理案件上他没有什么特别的才能，同别人差不多；如果要说有什么不同之处，那就是努力使诉讼这类事不发生。他这样描绘仁政的效果："善人为邦百年，亦可以胜残去杀矣。"(《子路》)如果不事先教化百姓而杀人称为"虐"，孔子把它列为四种恶政之首（《尧曰》第二章）。

仁的概念集中地概括和有力地张扬了人的价值，孔子把仁当作人的各种社会、文化创造活动的精神基础和价值导向，从而从根本上确立了人在世界上以至于宇宙中至高无上的地位。世界上有各种各样眩人耳目的主张、理论、学说、信仰，根据仁的观念，它们都不能妨碍对现实社会中的人的实际利益的关怀，更不能破坏人的生存状态。所以在神学迷信在世界上盛行的时代，孔子不提倡崇拜鬼

汉高祖祭孔

神,《论语》说"子不语怪、力、乱、神"(《述而》)。有弟子问鬼神生死问题,孔子的回答是:"未能事人,焉能事鬼?""未知生,焉知死?"(《先进》)他的基本态度是"敬鬼神而远之"(《雍也》),就是说人是最高的目的,要注重人的现世的生活,不迷信鬼神,不要让宗教迷信妨碍人的生活。

从仁的观念出发,孔子反对军国主义。鉴于"春秋无义战",战争给人民带来无穷的深重灾难,在国际关系上他反对用战争解决争端。所以他一再热情赞扬管仲通过外交途径解决国际纷争、实现和维护天下和平的伟绩。对于边远地区的叛乱,他主张"修文德以来之。既来之,则安之"(《季氏》)。他对于朝廷动辄用兵的做法加以严厉的谴责。

在人类历史上,各种宗教、精神传统、社会运动或学派,或以神性,或以国家、民族的利益,或以一种理想的社会制度,或以个体的权利,作为衡量一切的最高价值标准,与此不同,孔子始终把仁爱规定为人类文化的一切领域、以及人类整个文明的最高价值。在孔子看来,人是高于一切的,一切应该为了人。虽然社会的各种设置、文化的各个部分都有其自身的价值而不能加以忽视,但是它们的终结目标都应当是为了人的生存、尊严、福利、完美和发展,可见孔子思想充满了一种人文主义精神。

礼是文明的表征

在孔子看来,无论是对于个人还是对于社会,实现仁的一个基本途径是礼。在孔子的思想体系中礼的重要性仅次于仁。离开了礼,人的任何一种品质都将走向其反面。他说恭敬而不遵循礼,则会徒劳;谨慎而不遵循礼,则会畏缩;勇猛而不遵循礼,则会犯上作乱;直率而不遵循礼,说话就会尖酸刻薄(见《泰伯》第二章)。

因此他提出世上所有的人，上自君主，下至庶民，都要"立于礼"（《泰伯》第八章）。

礼本来是远古时代宗教祭祀的仪式和器物的总称，行礼是为了事神致福。后来，随着社会和文化的发展，礼的内容极大地泛化和世俗化了。到西周初年，礼已经成为世俗生活的基本的组织形态。它所规范的范围包括政治、军事、外交、教育、婚姻、祭祀、丧葬、社会交际、体育文娱活动等各个方面。在古代和中世纪，西方各种社会组织形态中获得最充分发展的是宗教组织及其礼仪行为规范，而在中国则是礼制。礼的内容是具体、明确地规定的各种社会活动的举行方式、各种不同地位和身份的人应有的不同权利和待遇，其基本目的之一是维护宗法等级制度基础上的社会秩序。

孔子就是在这样的文化传统的基础之上阐述他关于礼的思想。他保留了礼维护等级制的功用，并力图用礼来制约那些不合道德准则的行为。他说过"非礼勿视，非礼勿听，非礼勿言，非礼勿动"（《颜渊》），从上下文来看，这显然是对统治者提出的要求，但是后世统治阶级却用以束缚人民的思想和行为，产生了很大的消极作用。但是，从另外一方面说，孔子开始淡化礼作为具体的礼仪规则和外在的行为规范的色彩，强调仁是礼的灵魂，说一个人没有仁德怎么能用礼呢（《八佾》）？他以礼为文明的表征，着力揭示和增强礼在精神、思想和文化上的意义。

礼在孔子的话语中首先是与野蛮相对而言的，实际上用以指称人类的创造，即传统文化，因而代表了文明。他曾经说过：商朝继承夏朝的礼，减少和增加了什么是可以知道的；周朝又继承了商朝的礼，减少和增加了什么是可以知道的；将来有继承周朝的，（减少和增加了什么也是可以知道的，）就是经过百代，基本的东西是什么，是可以知道的（见《为政》第二十三章）。这里所说的礼就是古代文化的代称。由于礼文化的演变反映了人类文明的发展、也即历史人性化的过程，因此，孔子对古代礼制的赞美，也就是赞美古代文明的进步。"立于礼"不是要人们事事遵行繁文缛节，而是要人采取文明的生活方式。孔子在评论鲁国几个知名人士的优异品性时所说就表明了这一点。他们或因明智而幸免于难，或善于克制自己，或十分勇敢，或非常能干，长于政事；对于这些人，孔子认为虽然他们都各有所长，但仍有缺陷，他们要成为完美的人，必须"文之以礼乐"（《宪问》）。可见，人们不能只满足于好的材质，还必须通过礼乐使自己变得文明和完美。

礼对于一个国家和社会也有这样的作用。孔子有句名言："名不正则言不顺，言不顺则事不成，事不成则礼乐不兴，礼乐不兴则刑罚不中，刑罚不中则民无所措手足。"（《子路》）此话包含的一个思想是，一个国家只有在政事取得成效之后，才能进一步发展文化事业；此后整个社会的文化素养才会提高，这样，法律才能被正确地加以运用，不然，即使有法，也不能运用得当，人民还是不知怎么做才好。可见，社会的文明程度从根本上决定了一个国家的状况。这就是孔子竭力推崇礼的重要原因。

孔子还力图以礼维护个人的尊严。《论语》说恭敬要符合礼，这样才能不受别人的羞辱（见《学而》第十三章）。因为，不合礼的恭敬会变为阿谀奉承，唯唯诺诺，就会丧失个体的人格。他把礼与国家暴力对称，经常强调礼高于国家最高权力，力图用礼来制约君主的行为，主张"君使臣以礼"（《八佾》），企图以此促使君主尊重臣下的人格。在治理社会方面，孔子认为礼的作用高于刑罚。孔子说过：用行政命令治理人民，用刑罚来约束他们，他们虽然能一时免于犯罪，但没有羞耻感；而用德来治理人民，用礼来约束他们，他们就会有羞耻心，就会遵守规矩（见《为政》第三章）。可见，

祭祀孔子的礼乐之器

孔子推崇礼，是因为礼依靠人发自内心的自愿，具有一种自发性和自觉性，他想以此尽可能多地取代依靠强制性的暴力的刑政举措。孔子一直有一个坚定的信念：精神性的感召力胜过物质性的暴力，人性的光辉终将战胜罪恶和黑暗，尊重人就能唤起他的人性的觉醒。

礼对于孔子来说，它的另外一个重要意义是能够激发、培育人的纯真、圣洁、虔敬、深沉的情感。礼实际上是表达感情的一种手段，没有感情礼就变成了没有意义的形式主义。针对当时礼变成虚文俗套的倾向，孔子问道：礼啊，礼啊，难道只是玉帛之类的礼器吗？乐啊，乐啊，难道只是钟鼓之类的乐器吗？（《阳货》第十一章）对徒具形式的虚礼表示了强烈的不满。正是出于这种认识，他主张礼仪形式与其奢侈，不如节俭；办丧事，与其仪式完备，不如内心保持深沉的悲痛。

孔子总是将礼与乐（包括音乐舞蹈）相提并论，而在古代文化中礼与乐实际上是结合在一起的，礼的实行不能没有音乐。礼乐的并存并提表明，礼借助乐要在人心中激发、培育的情感不仅是圣洁的、虔敬的，同时也是中和的，因此，行礼的乐往往是音调雅正、色彩典雅、节奏舒缓、意境闳阔无际。在孔子看来，礼培育的那种

曲阜孔庙＂金声玉振＂坊

　　情感能够使人们以虔敬、认真的态度对待生活，在人们之间建立一种真诚、温馨的关系，使日常的生活具有审美的价值，产生不平凡的意义。

德表示精神的卓越

　　孔子所说的德主要不是指外在的行为准则，而是指高尚的精神、卓越的人格，是人的内在的品性。任何一项品格如果不反映精神上的卓越，就会走向其反面：仁如果只是溺爱，就成为对恶的容忍和纵容；义如果表现为不讲原则的义气，就会同流合污；忠如果是奴仆式的顺从，是愚忠。正如孔子所说："好仁不好学，其蔽也愚；好知不好学，其蔽也荡；好信不好学，其蔽也贼；好直不好学，其蔽也绞；好勇不好学，其蔽也乱；好刚不好学，其蔽也狂。"（《阳货》）他还以良马为譬说明德是精神上卓越。他说："骥不称其力，称其德也。"（《宪问》）显然，良马无仁义孝悌等伦理道德可言，这里德与"力"（即才能）对言，当指致使良马日行千里的那种不畏险阻、不怕疲劳、坚忍不拔、奋不顾身、勇往直前的精神，这些才是孔子最为欣赏的东西。孔子这类话语的用意是，那些非凡的才能、

曲阜孔庙"太和元气"坊

品格和行为，之所以值得称道，不是这些才能、品格、行为本身，而是造成这些美好东西、并由它们所显示的那种精神，即孔子所说的德。然而，人们往往只是注重、提倡某种伦理道德准则和行为，而忽视最具价值的精神性，实际上并不真正懂得德的含义；而在实际生活中，许多符合伦理道德的行为的产生，或是为了做给他人看，或是一种不自觉的仿效，总之，不是出于灵魂的需要。孔子感叹真正懂得德的人非常少（见《卫灵公》），就是由此而发的。

正是按照对德的这种理解，孔子提出"崇德"的主张，要求人们在任何时候都要把精神的卓越放在首位，说"君子怀德"（《里仁》），这就是说德永远具有高于权力、地位、财富、才能、名誉的价值，孔子认为即使具有像周公那样杰出的才能的人，如果没有道德，此人也是不足称道的（《泰伯》）。他提出精神的卓越应当是人的第一需要，并用通俗而又生动的比喻说，好德就应当像"好色"那样，是一种内在的、强烈的、迫切的冲动和要求（《礼记·坊记》）。

德不仅是个人的、而且也是一个国家的精神导向，这表现在孔子的以德治国的思想中。他要求以一种最崇高的精神，而不是某种功利上的目的、或某些固定的行为准则作为立国之基。当然，对于孔子来说，这就是要以仁作为国家的灵魂，实行德治。孔子说："为政以德，譬如北辰（按：即北极星），居其所而众星共（按："共"同"拱"）之。"（《为政》）因为治理国家的人精神卓越才能具有感召力，才能得到人们的信任、拥护和支持。孔子的以德治国的说教，主要是针对统治者，特别是最高统治者，要求统治者不要全靠权势来确立和维护其至高无上的地位，而要靠自己的人格力量成为国家凝聚力的核心，这就要发挥自身的表率作用。孔子说："政者，正也。子帅以正，孰敢不正？"（《颜渊》）统治者要改变社会的不良风气，首先要从自己做起，不然，他的讲话和政令就没有多大的实际效力。如孔子所说："苟正其身矣，于从政乎何有？不能正其身，如正人何？"（《子路》）

从政务的处理上来说，德治就是行仁政，即关爱百姓，不扰民、不夺民之利，更不能残害百姓。要薄赋省刑，使百姓能够安居乐业。从吏治上说，要"举贤才"，亲君子而远小人，要选拔、任用、或曰重用有德行、有节操的人士，而排斥那些没有原则、居心回测、为了谋私利而对长上一味阿谀奉承的佞臣。

以德治国的一项重要任务是教化百姓，用卓越的精神引导整个社会。孔子曾经对他的弟子说，对于一个人口众多的国家来说，首先要做的事情，第一是让人民富裕起来，第二就是教化百姓（见《子路》第九章）。他经常用这个思想教导执政者。孔子在鲁国宰相季康子问政时就曾指出，要"举善而教不能"（《为政》第二十章）。孔子这一思想对中华民族整体精神素质的提高发挥了很大的作用。

孔子的道德教育的内容是十分丰富的，几乎涉及伦理学的所有方面，除了这里重点介绍的八大观念以外，还有孝、悌、忠、恕、直、宽、惠、勇、让、谦、俭、慎、敬、敏、知耻等。孔子特别重视的还有刚正不阿的品质，他说："刚毅木讷近仁。"（《子路》）庄重，即不苟且，对己对人都不随便：对己不苟且，是指个体保持和显示其人格尊严，如他说"君子不重则不威"（见《学而》第八章），对人不苟且是指按照一定的原则，以严肃认真的态度待人接物。

孔子的德的观念的内容保证了人格的全面发展，他不是用道德准则把人变成墨守成规、谨小慎微、心胸狭隘、思想封闭、精神贫乏，只会背诵教条的假道学，而是教人尚志养气、自强不息、刚健有为、严守节操、坚韧不拔、知耻自励。所有这些不仅能提升人的精神境界，造成独立、高尚、完美的人格，而且能启发个体的主体精神的自觉，培育、发扬个体的精神力量。

义是行为的正当性

义的意思是"宜"，表示行为的正当性与恰当性。它首先是指人的行为或事业所具有的意义，表现为正义、道义、原则、法则，等等。义就是行为合乎一定的原则，即事物的当然之理和必然之则，孔子认为人们的行为、事业是否正当，决定于它们是否合于一定的意义或原则。孔子一般不反对人们追求财富、地位、功名、或其他世俗的价值，但是他坚决主张追求这些目的的行为和手段必须正当，要合乎道德原则，否则是不可取的。所以他说："见利思义"（《宪问》），"见得思义"（《季氏》）。他以自己的志向说明精神价值远远高于功利目的，手段是否正当具有决定性的意义："不义而富且贵，于我如浮云"（《述而》），可见他对那些以卑劣的手段获得财富和地位的人是极其鄙视的。

孔子认为人生应当是有意义的，生活的真正意义在于精神追求，所以他提出人活在世上就要行义，孔子一再强调，义对于理想人格

孔府前堂楼内景

是至关重要的，他说"君子义以为上"（《阳货》）；又说君子要以义为根本，以礼实行它，用谦逊的言辞表达它，以忠诚的态度实现它（《卫灵公》）。总之君子的人生使命是"行义以达其道"（《季氏》）。义应成为一个人的精神所依托的根本信念，这样它必定产生极大的精神力量，因为行义的人掌握着真理，拥有道义，他是无所畏惧的。他以为见义不为，是胆怯的表现（见《为政》第二十四章）。

义应当是人生追求的目标，他说："君子喻于义"（《里仁》），这与以私利为人生目的的小人适成鲜明的对照。不论人们怎样生活，都必须有某种意义，也就是说对社会、或对他人、或自己的发展有一种好处，使人生有一种价值。他对那种终日饱食，无所用心的人十分反感。为了激发这种人对生活的兴趣和热情，他说：不是有下棋这样的游戏吗？玩玩这个也比那种无所事事的生活强多了（《阳货》第二十二章）。还有一种人，看似与上述这种人不同，他们十分活跃，到处表现自己，"群居终日，言不及义，好行小慧（即卖弄小聪明）"，在孔子看来，这也是一种庸俗无聊的趣味，他以为，对于染上这种毛病的人是很难办的（以上见《卫灵公》第十七章）。

执两用中是最高的智慧

对于执两用中，孔子自己曾作过明确的说明。他说：我有知识吗？没有知识。有一个乡下人问我，对于他的问题我本来一无所知，但是，我抓住问题的正反两方面，加以彻底的询问，这样，我就能回答他的问题了（《子罕》第八章）。这种方法是抓住事物的两个基本点、或两种对立的看法、即孔子所说的"两端"，加以比较分析，从中发现最恰当的解决办法。

按照《论语》的说法，"中"的观念起源甚早，尧就把"允执其中"、即真诚地奉行中正的原则，作为基本的政治原理（《尧曰》第一章）。孔子对这个观念作了重大的发展。在孔子思想中"中"不仅是一种求得正确而有用的知识和获得真理的根本方法，而且是孔子解决一切问题、确立明智的人生态度的最高智慧，执两用中的方法论贯穿于孔子思想的各方面。

在治理国家方面，他考虑的两个基本方面是依靠精神引导、道德感化的德治，与强制性的行政和刑罚的手段，他主张前者为主，后者为辅，以体现"宽猛相济"的原则。对于个人的道德修养，孔子所执的两端是文与礼。文即人的文化素养和知识水平，是认知方面的事，而礼则关系到人的精神素质和道德水平。孔子主张两者的统一，所以提出："君子博学于文，约之以礼。"（《雍也》）在艺术上，他概括出"文"与"质"这两端，以处理内容与形式的关系。

孔府内康熙题书"万世师表"匾

他说："质胜文则野，文胜质则史（按：史：虚饰）。文质彬彬，然后君子。"（《雍也》）此语要求内容与形式的完美统一。对于学习方法，孔子归结为两个基本点："学"，即读书、向他人求教，与"思"，即思考、自己寻求答案。孔子说："学而不思则罔，思而不学则殆"（《为政》），这两方面不可偏废。

关于一个人处身与待人应有的态度，孔子自己如此把握两端："子温而厉，威而不猛，恭而安。"（《述而》）这些两端看似矛盾，但用来相互限定，就能避免人格的畸形发展，使特定的品性获得最恰当的表现。

执两用中就是中庸之道，孔子对它极其推崇，说中庸作为一种品德，该是最高的了！老百姓缺少这种品德已经很久了（见《雍也》第二十九章）。这里的中表示无过无不及，不及自然不好，但过头同样有害，孔子说"过犹不及"（《先进》）。庸，意为平常，即不怪异、不脱离现实和普通人的要求、能为一般人接受的做法。

中庸的原意不是指消极意义上的折中、调和，不是表示那种貌似公正、实际上是无原则的不偏不倚的立场和态度，因为无原则性是同孔子的一贯的思想作风和人生哲学不相容的。执两用中，即他的中庸之道，根本意义是指在各种基本观念之间、在各个大大小小的领域中的基本点之间、在对立面之间保持平衡和协调，无论做什么都要恰如其分，把握适当的度，不能走极端。

因此，孔子无论在肯定什么、推崇什么时，都要从另一方面对之加以平衡、限定和协调，以避免走向极端。如在谈到政治原则时，孔子提出要："惠而不费，劳而不怨，欲而不贪，泰而不

曲阜孔庙杏坛

骄，威而不猛。"（《尧曰》）他提倡合群，但是又警告人们，同他人关系的亲密不能过度，以至于丧失原则，同流合污，互相勾结，狼狈为奸，所以他说君子合群而不勾结，小人勾结而不合群（见《为政》第十四章）。他赞美《诗经》中之《关雎》一篇"乐而不淫，哀而不伤"（《八佾》），实际上这是他确立的一条普遍的审美原则，规定"乐"与"哀"都要有个度，不能达到排斥其他情感和审美价值的地步。

中的观念表明事物的规定性总是在其矛盾的统一中获得的。

和是多样性的统一

"和"字意为和谐，在孔子的思想中表示多样性的统一，所以孔子说："宽以济猛，猛以济宽，政是以和。"（《左传》昭公二十年）和的观念在孔子思想中占据着突出的地位，他把和视为事物、精神的理想状态。他的一切努力的根本目标就是要建立一个和谐的世界。

和美的家庭关系，和谐的社会秩序，上下同心同德的和洽的政治氛围，是儒家力图实现的美好理想。孔子说过"和无寡"（《季氏》），在他看来，一个国家的强弱，决定性的因素不是人口的多少，而是君臣、君民的关系是否协和。孔子推崇礼，就是因为礼表明社会活动和政治生活，不是个别人物独断专行的场所，而是各种身份的人协调活动的总汇，礼的基本功用是培育和洽的感情、和谐的气氛，有助于建立和睦温馨的社会关系。《论语》"礼之用，和为贵"（《学而》）一语明白地表达了这一思想。孔子企图用和的观念以消弭当时社会上无处不有的争权夺利、尔虞我诈、相互残杀的丑恶现象。

按照和的观念，各种成分、因素，特别是对立的方面应当是互补的，要把它们恰当地加以配合、协调。在孔子看来这应当是对待一切事情的正确做法。他提出在处理社会关系的问题上，有"和"与"同"的对立。"和"就是在建立和保持和谐的关系的同时，把保留自己的立场和观点，同尊重不同的意见、立场和做法这两方面完美地结合在一起；"同"则是不允许有不同的看法，排斥异己。孔子说："君子和而不同，小人同而不和。"（《子路》）这种和是在承认个体的独立性和尊严的基础上的和谐的秩序，是以尊重他人的认识和人格为前提的，人们应当保持自己的意见和独立的人格，但仍然要与他人友善相处。正如孔子的弟子子贡所说：我不愿意别人把意见强加于我，我也不想把自己的观点强加于他人（见《公冶长》第十二章）。相反，如果强迫他人接受自己的看法，强求一致，或党同伐异，就会毒化社会气氛，破坏正常的人际关系。

信是真实无妄的品质

信即诚实、诚信，既表示真诚的欲望和动机，待人诚恳，不虚伪，也是讲信用，言而有信，说到做到。这也是孔子特别重视的品质，孔子教育人的四项基本内容之一就是"信"（见《述而》第二十五章）。他在描绘理想人格的优秀品质时，首先提到的就是"笃信好学"（见《泰伯》第十三章）。不仅如此，他认为，言而有信是每一个人做人的根本，因此，在各种各样的情况下，对各种不同的身份的人孔子都要教以信。如他提出"弟子入则孝，出则悌，谨而信"（《学而》）。他指出，一个人如果不讲信用，那就没有什么可以称道的了（见《为政》第二十二章）。只有言而有信，才会得到任用。

信还表示信任，这是诚信的品质造成的效果。孔子以为，无论做什么事，获得成功的前提就是要得到对方的信任。他举例说，要规劝君主、长上，首先就要获得他们的信任，不然他们就会以为是在诽谤自己。可见为人正直真诚，态度诚恳，如实论事，具有决定性的意义。

信对于统治者来说尤其重要。孔子曾对子贡说，对一个国家来说，有三个方面是必须具备的，这就是：粮食充足，军备充足，人民的信任。子贡假设，如果万不得已要舍弃其中的一项，那该舍弃什么，孔子首先舍弃的是军备，在百般无奈的情况下其次要舍弃的是粮食，他的理由是："自古以来人总是要死的，如果得不到人民的信任，国家就立不住脚了。"（见《颜渊》第七章）因此，他要求治理国家的人"敬事而信，节用而爱人，使民以时"（《学而》）。孔子告诫说，只有在取得人民的信任以后才能使民，否则人民会以为受到虐待。只要统治者言行有诚信，老百姓就不会隐瞒真情，就会支持他们。这些话实际上表达了民本思想，强调君主的统治的合理性、国家政权的能否保持，都决定于人民是否信任治理国家的人。

行造成儒学重实践的品格

孔学的根本宗旨是教人做一个真正的人、完美的人，建立理想的社会，过理想的生活，因此，他特别强调行的观念的重要性。行是讲实行、实践。它也被孔子列入教育学生的四项基本内容之中。他认为理想的人格应当是"躬行君子"，即身体力行的道德高尚的人。在知与行的关系上，他提出行重于知，说"行有余力，则以学文"（《学而》）。

行首先是指言行一致，孔子告诉人们：做不到的事情，就不要讲，既然讲了就一定要做到，说"言之必可行"（《子路》）。评判一个人，要"听其言而观其行"（《公冶长》）。行的最重要的含义是行道，即"行义以达其道"（《季氏》）。所以孔子说能行恭、宽、信、敏、惠于天下，就可以说是仁人了。他希望儒家的基本观念能够落实到人们的日常行为中，以改变不合理的政治和社会现实。

孔子关于实践的理论中另一个值得注意的思想是"行笃敬"的主张（《卫灵公》），就是要专心致志、努力认真地实行，这就要坚韧不拔，以极大的精神力量克服种种艰难险阻来实行一种信念，这是儒家力行思想的来源。这种行的观念使儒学具有强烈的实践性，因而同中国人的各个方面的生活密切相关，从而赋予儒学和中华文化传统以顽强的生命力。

【第三章】

东亚价值体系的建立者

从西汉中期起，儒学在全中国占据主导地位，孔子则成为全民族公认的最高理论、学术权威和人格典范，这一地位持续两千年，直到清朝末年才受到挑战。随着灿烂的中华文明辐射力的增强，孔子思想也逐步在国外扩大其影响，由近而远地促进海外各个民族的文化的发展。孔子思想在国外影响最大、最深的地区是东亚，特别是朝鲜、日本和越南三个国家，这一地区各个民族的思想、政治、道德、法律、文化、教育，以至于社会生活、风俗习惯都打上了孔子思想的烙印。

孔子思想在古代朝鲜统治地位的形成

早在公元前二世纪、即在中国西汉前期的时候，孔子的思想就随同儒家经典传入朝鲜半岛，据日本古书记载，公元285年朝鲜半岛南部的百济国王子推荐儒学博士王仁到日本献《论语》十卷，可见那时孔学在百济已经成为官学。公元372年高句丽国为贵族子弟设置太学，在京城外的许多城镇为非贵族子弟开办"扃堂"，教授五经和孔子思想。公元五世纪时中国的五经博士应百济朝廷请求，到朝鲜讲学。后来中国的儒学的教育制度就逐渐移植到整个朝鲜半岛，这对朝鲜的精神传统和文化的发展产生了深远的影响。

在孔子思想的长期熏陶下，朝鲜上下形成了实践儒家价值观念的风气，并且逐渐成为朝鲜的民族传统。如《三国史记》第二十八卷《百济本纪》第六"描绘义慈王所说：他"事亲以孝，与兄弟友，时号'海东曾子'"。公元675年新罗国统一朝鲜，出于加强国家统一的需要，孔子的大一统观念和纲常伦理思想在朝鲜成为统治思想。新罗朝廷在全国进一步完善了孔学教育机构，太学供奉孔子画像；实行科举考试，以五经、《论语》等儒家经典为考试内容；隆重举行祭祀孔子的仪式，朝廷大力表彰道德卓异人士，几代国王还亲临国学听讲，以自己的行为提倡儒学，结果文明之风盛行国内。唐开元二十五年（737），玄宗派往新罗的使节曾说："新罗号为君子之国，颇知书记，有类中华"，在赠新罗国王的诗中写道："衣冠知奉礼，忠信识尊儒。"（见《旧唐书·东夷列传》）宋朝赵汝括在其《诸蕃志·新罗国》中也记载说新罗国人人"知书喜学"，多彬彬有礼之君子。

取代新罗的高丽王朝继承了前朝的文化传统，孔学仍然兴盛于朝鲜。高丽大量输入和翻刻儒家经书，孔子思想深入到全国每一个角落。朝廷更加崇奉孔子，国子监建造文庙，孔子像由画像改为塑像，效法中国，尊孔子为"文宣王"，称之为"百王之师"，又加"大成"、"至圣"、"玄圣"等尊号。

孔学在取代高丽王朝的李朝时期达到鼎盛。李朝以儒教立国，贬低佛教，阐述孔子哲学的朱子（熹）学被宣布为正统思想，李朝因此就被称为"儒教王朝"。全国各个府、牧、郡、县普遍设立学校，除了官学以外还有无数民办学堂，教学内容一无例外全是四书五经，孔子观念成为人们思想、言行的唯一规范。儒学信念在朝廷政治以及精英文化中的渗透与遍布，达到了史无前例的程度。

孔子思想在古代朝鲜的一个突出的功效是培育了朝鲜民族最伟大的学者和思想家，并因此对朝鲜思想文化的发展产生了难以估量的作用。新罗原无文字，公元三世纪中叶后引入的汉字与新罗的语言不合，因此中文儒家经典难以在当地传播。公元七世纪末至八世纪初，新罗著名学者薛聪从僧人改宗儒学，官至翰林，他创造了"吏读法"，用汉字的音或意标记新罗语音，用朝鲜语解读儒书。这种方法后来长期沿用，有力地推动了孔学在朝鲜的传播和朝鲜本民族的语言文字和文学的发展。

公元九世纪杰出的思想家、诗人崔致远在唐朝十余年，精通儒学，曾受到唐僖宗礼遇，并被授以官职，回国后任兵部侍郎、知瑞书监等职。他认为社会混乱的原因是人们不遵守孔子的教诲，因此致力于宣传儒学，撰写了不少表达儒家思想的诗文，被尊为朝鲜汉文文学的鼻祖。

在历史学方面，十一世纪末、十二世纪前期有杰出的学者金富轼，他自幼受儒家思想的教育，曾任户部、礼部侍郎、御史大夫、集贤殿大学士，他立志以孔子思想为指导，整理朝鲜历史，编著《三国史记》，按照儒家观念说明历史现象，褒贬历史人物，成为韩国历史学的奠基人。

古代朝鲜成就最卓著的哲学家是李朝时代的大儒李滉（1501–1570，字景浩，号退溪）。他不满周岁即丧父，其母对他的要求十分严厉，不只是督促他学习知识，更教育他重视修身。李滉博通儒家经传，尤精于心性之学。他的思想远宗孔子，近学朱熹，学术以明理为体，以经世为用。他对于人才的培育，用力尤多，创立了陶山书堂，一生培养出三百余名国家栋梁，其中任重臣的就有十多名，得到谥号的有三十多名，韩国称他是李朝的孔子，朝鲜第一文化伟人。韩国为了纪念他，在面值1000元韩币上印了他的头像。

李退溪一生著作很多，收录在六十八卷《退溪集》中。在政治方面，他力主德治，而以孝、悌、慈为本，认为君明臣贤，则天下

韩国纸币上的儒学大师
李滉（退溪）的头像

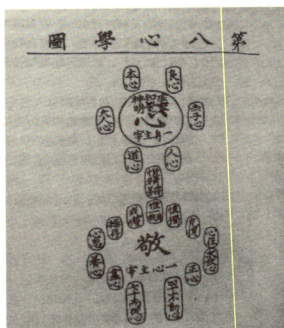

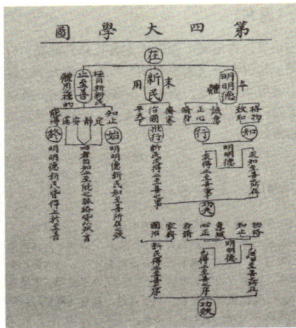

李退溪《圣学十图》中
的第四、第八图

治；君暗臣佞，则天下混乱。与历朝历代的儒生一样，他以匡时济世为己任，无论在朝在野，都非常关心国家大事，留意民生疾苦。

在哲学上李退溪对儒学、特别是朱熹理学作了全面、深刻的阐述和创造性的发挥。在其《圣学十图》中他提出仁贯通天地人，由仁爱统率仁义礼智、忠恕、孝悌等一切美德。他认为孝为百行之原，一行有亏，则孝不得为纯孝；仁为万善之长，一善不备，则仁不得为全仁。李滉继承朱熹理本论思想，认为天下万事万物，必有其产生的根源。这个根源就是"理"。李滉在认识论上主张知行并进。

韩国纸币上的儒学大师李珥（栗谷）的头像

他既看到"知"与"行"的区别，又强调"知"与"行"的统一。他提出"知行互资"，主张二者互相促进。在人与自然的关系上，他极力主张天人合一，其《戊辰六条疏》强调对待大自然不能暴烈索取，而是应该加以爱护，对一草一木一鸟一兽都要爱护，认为它们也是自然的一部分，人类应该达到天人和谐、天人合一的境界。他主张"推事亲之心，以尽事天之道，无时而不修省，无时而不恐惧"（《戊辰六条疏·承修省以承天爱》）。

在李朝五百年间儒学在理论上呈现出极其活跃的局面，儒学人才辈出，涌现了许多学派，各派之间的学术讨论非常热烈。虽然李退溪在朝鲜受到普遍的尊敬，但是后世诸如李珥（1536－1584）等一些著名的儒家学者怀着追求真理的精神同他商榷问题，发表了许多不同的看法。李退溪的哲学和后来的学术论争把朝鲜民族对宇宙、社会、人与文化的认识发展到新的高度。李朝时代的思想家所理解和发展的孔学成为朝鲜民族在近代和现代应对时代挑战的思想基础。如今的韩国，在行政、执法、敬祖、宗族、乡校以及学生运动中，我们仍然可以感受到儒家传统生命力的体现。

日本传统中的孔学要素

孔子思想已经渗透到日本的文化和社会生活的各个方面。日本著名学者武内义雄在其《儒教之精神序》中说："儒教虽然发生于中国，可是极早就传到日本，对日本国民精神之昂扬，贡献极大。"这一说法是符合历史事实的。

孔子思想传入日本的时间据史书记载，始于公元285年朝鲜半岛上百济国博士王仁随使者赴日本，献《论语》。王仁被任为太子菟道稚郎子的老师。天皇设立贵族学校"学问所"，以《论语》和《千字文》为教育内容，此为日本正规教育的开端。从此以后《论语》被奉为至高无上的圣典，上自历代天皇，下至市井庶人，始终认真学习不倦。

公元513年以后，百济多次派遣五经博士东渡日本，传授儒家经典，孔子学说开始对日本政治思想和制度产生重大影响。七世纪初，杰出的政治家圣德太子认为儒学不仅提供了道德规范，而且也是指导政治活动的学说，因此用以改革政治。在摄政期间他颁布了"冠位十二阶"，按照德、仁、礼、信、义、智排定官位职权，只按个人的能力和功绩，而不管其门第的高低任用官吏。他还制定了宪法十七条，首先强调"礼"为治国之本，实现礼治的根本是"和"。十七条中除第二条以外，其余所言之事都与儒家基本精神一致，如第九条规定"信是义本，每事有信"；又往往采用经书词句，如"以和为贵"、"上下和睦"、"使民以时"等。宪法十七条打击了旧贵族势力，革除了日本政治旧制的许多弊端，对于社会进步和经济发展产生了积极的作用。

自圣德太子摄政始，日本朝廷多次派遣大量留学生到中国隋、唐朝学习孔子学说和中国文化，他们回国后大都受到重用，或者成为儒学大师，广招弟子，讲授儒家学说，促进了日本的政治建设和

日本圣德太子像

学术发展。如南渊请安曾在中国留学32年，回日后著书一百多卷，那些在政治上欲有所作为之人都向他求教。如大兄皇子和中臣镰足曾拜他为师，据《日本书纪》记载，他们都曾向南渊请安"学周（公）孔（子）之教"。他们促成了日本的政治革新、即"大化改新"，使日本从奴隶社会过渡到封建社会，南渊请安被认为是大化改新的思想指导者。

此后，日本大力发展儒学教育，仿照中国的太学，建立培养贵族子弟的官学机构"大学寮"，以儒家经书为主要教学内容。公元710年在大学寮祭奠孔子，此为日本祀孔之始，从此每年春秋两季在京城大学和地方的国学祭祀孔子成为定制。

到奈良时代，随着儒学的普及和深入人心，孔学所提倡的道德准则成为社会通行的行为规范，各级政府大力表彰实践仁、义、礼、智、信、孝等儒家道德的模范人士，并且以这些美德为标准来任用和提升官吏。这样就使孔子观念构成了日本精神传统的基本内容之一，它们融入了日本民族的灵魂。

在平安时期，日本改变了奈良时代一味模仿唐朝文化的做法，开始探索其独立发展的道路，创造独特的日本文化，但是孔学仍然是那时寻求思想启示和指导的主要哲学体系。当时研习儒学的方式也有所创新，如大学寮祭孔完毕，亲王以下百官须留下讲议儒家经典，或由天皇召博士入宫讲经。

十七世纪初，日本结束了长期的战乱，进入江户时代，为了建立和平、安宁的新秩序，统治者"欲以诗书之泽，销兵革之气，于是崇儒重道"（黄遵宪：《日本国志·学术志》）。那时，天皇和幕府将军都不遗余力地以各种方式提倡儒学。如后光明天皇召民间学者朝山意林入宫讲儒家经典，又出版儒学观点汇编的《性理大全》，并建立圣庙。灵元天皇在东山文库绘孔子像，并加赞辞。执掌国家政权的德川幕府第一代将军德川家康特别器重精通儒学的知识精英，邀请对儒家经典深有研究的著名学者林罗山宣讲朱熹的《论语集注》，又聘他为政治顾问。林罗山历事四代德川将军，参与幕府机要，制定律令，起草文件，整顿日本的政治机构。从此尊崇儒学成为德川幕府世代相传的做法。

在江户时代孔学进入全盛时期，各地纷纷建造孔庙，有的规模很大，并且都按时祭孔，大量翻刻儒家经典。学术上也呈现空前的繁荣，出现了众多学派，有尊崇朱熹的朱子学，它主张主要通过《四书》来理解孔孟思想，将儒家伦理原则哲学化。朱子学被幕府规定为官方正统，因此最具实力，信徒分布很广，其代表人物是藤原惺窝与林罗山。前者由禅僧转向儒学，继而用朱子学的理论对佛教发动进攻。真正使朱子学成为统治思想的是其弟子林罗山，他也是脱佛入儒的学者。因对孔子、朱熹思想的理解上的差异，这个学派又分为京都朱子学、海西朱子学、海南朱子学、大阪朱子学和水户朱子学，各派出版了大量著作，其历史性的功勋是张扬了理性，给予佛教以沉重的打击，为日本的传统哲学发展作出了重要的贡献。

与朱子学分庭抗礼的是信奉王阳明心学的阳明学派，它原是在野派的思想，其创立者是中江藤树，他们认为朱子学不是真孔学，只有王阳明才继承了孔学的真髓。这个学派注重实践，强调知行合一，以改造世界为己任。它是日本改变封建制度、开辟资本主义道路的明治维新运动的指导思想，为维新运动培养了一批人才，如大盐中斋，吉田松阴等，二人是维新变法运动中的重要人物。阳明学还影响了一批后来明治维新运动的重要领导人，如高杉晋作、西乡隆盛等。

另有古学派，创始人是山鹿素行。他提出朱子学与阳明学都迷于枝节，只尚空谈，不是真正的孔孟之道，认为要恢复儒学真精神，必须掌握儒学古义，因此要"直览周公、孔子之书，以为规范"。其主要代表荻生徂徕主张直接依靠"六经"来阐明"先王之道"，认为要解读"六经"，必须研究古文辞学，根据孔子之道，改革现实政治。

此外有主张调和儒家各派学说的折衷学派和研究儒家经典中的名物制度的考证学派。尽管幕府时代的日本从未象韩国李朝那样儒学化，日本固有的观念和传统、以及佛教思想在整个社会占据了相当重要的地位，但是，到十七世纪末，日本每一位受过教育的人士，都在不同程度上受到儒学的熏陶，而《论语》同日本每一个知识分子的精神成长关系尤其密切。

越南文化的孔学基础

在东南亚地区，除了移民国家新加坡以外，越南是受儒家文化影

朝鲜文的《论语》

响最深的国家。孔子·思想在越南的持续影响长达二千多年，大致可分为两个时期：北属时期、即直属中国中央政府管辖的时期与独立时期。北属时期自公元前214年秦始皇统一岭南，设象郡开始；独立时期从公元939年越人吴权建立独立于中原朝廷的吴朝开始至今。

早在公元前三世纪末孔子思想就开始传入越南。据史书记载，公元前207年建立的南越国以《诗经》、《尚书》等儒家经典教化百姓，移风易俗，用仁义凝聚人心。公元前112年，汉武帝消灭南越国，次年在今越南北部及中部地区设立交趾、九真、日南三郡。从此以后直到隋唐五代长达一千年的历史中，治理越南的郡、县长官一般都是儒士出身，有的孔学造诣很深。他们效法中原地区的做法，在当地办学校，传授儒家经典，弘扬孔子思想，以礼义教育人民。如三国时的士燮精通《春秋》、《尚书》，他在交趾任太守四十年，大兴文教，提倡孔学，使当地文化和风俗面貌一新，人民安居乐业。越南史书高度评价他的历史贡献，《大越史记全书》说："我国通诗书，习礼乐，为文献之邦，自士王（指士燮）始，其公德岂特施于当时，而有以远及于后代，岂不盛矣哉！"士燮因此被称为"南交

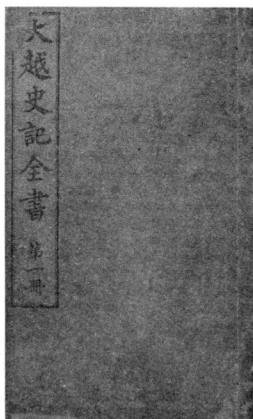

越南编年体史学巨著《大越史记全书》

学祖"，被尊为"士王"，先入越南帝王庙，后又入文庙，越南人民世代传诵他的功绩，其《四字经》赞道："三国吴时，士王为牧，教以诗书，熏陶美俗。"

中原与越南的双向交流进一步促进了儒学在越南的生根发芽。除了朝廷派往越南的官吏之外，各个时代内地有不少文人学者南迁赴越，唐朝著名的文学家如杜审言、刘禹锡、韩渥等都曾去过越南。战乱期间也常有名士避难越南，其中有的是经学家，他们把儒家学术思想带到当地，促使儒家文化在越南广泛传播。另一方面，越南士人亦络绎不绝地游学中原，或通过贡举、科举考试入仕为官，在治学理政中进一步提高了儒学的修养。中越士人的交流唱和，互相切磋，共同加深对孔学的理解,正如越南古代诗人阮公简所说："威仪共秉周家礼，学问同尊孔氏书。"（以上见杨焕英的《孔子思想在国外的传播与影响》，教育科学出版社，1987年版，第44页）

公元939年越人独立以后，孔子思想的影响不仅未见衰退，反而进一步加强。从吴朝到后来相继出现的丁朝、黎朝，在这七十年中儒学凭借其顽强的生命力，在动乱频仍的社会中维系人道、伦理的基本准则。1010年李公蕴平定内乱，建立李朝。出于维护国家统一、恢复和保持社会稳定的需要，朝廷开始重视儒学，采取一系列举措，不断提高儒学的地位。1070年，李圣宗在首都升龙（今河内）修文庙，塑周公、孔子像，画七十二贤像，四时祭祀。1075年，李朝开始开科取士，儒家经典是考试的基本内容，这对在越南促进学习经书、提高儒生的社会地位起了极大的作用。接着朝廷又设国子监，初为供皇子、贵族子弟就学研读之所，后民间学业优异者也可入学就读。由于推行儒家教育制度和科举考试制度，越南出现了新的知识阶层、即儒士阶层，他们成为社会的中坚。李朝由于提倡儒学，在治国安民方面取得明显结果，其政权延续了二百多年，远远超过它以前的几个短命的朝代。

继李朝之后的陈朝（1225-1400）继续推行重孔学的政策，为了稳定立国之基，朝廷努力完善儒学教育体系。陈朝重修了中央最高学府国子监，又设国学院，讲习四书五经；并增修孔庙，按时祭孔。在这个时期比较完备的儒学教育体系，从中央到地方，从官学到私学逐步形成，培养了不少人才。陈朝还进一步发展科举取士制度，制定七年大比的规定，考试的内容发生重要变化，由通考儒、佛、道三教经典变为唯以儒学为考试内容，且对中科者给予相应的奖励，这极大地激发了儒生研读儒经、求取功名的热情，其政治后果是文武大臣、上下各级官吏都以儒学作为指导思想，按照"仁"治理天下，实行轻刑薄赋、信赏必罚的政策。

在这期间儒学在越南开花结果，开始出现了著名的儒学大师，如被尊为"儒圣"的朱文安，是越南历史上从祀文庙的第一人。他是一个卓越的教育家，奉行孔子"有教无类"主张，曾被聘为太子老师。他精研义理之学，著有《四书说约》，阐述孔学精义。从他开始，越南出现了一批杰出的儒家知识分子，他们激烈批判佛学，要求士大夫非孔孟之道不著述，朝廷亦因此采取了限制佛、道势力的措施。至陈朝末年，佛教日衰，儒学已形成取代佛教之势。

其后，胡季犛所建立的胡朝（1400－1407）虽然国祚短暂，对越南儒学发展却是相当重要的时期。胡季犛实行限佛尊儒政策。他创造了本国文字"字喃"，用以翻译、讲解儒家经典，从而使儒学越南化，孔学因此获得更大的普及。

从后黎朝（1428－1789）起越南独尊儒学，由于政治和教育方面长期努力的结果，儒学在越南进入了一个鼎盛时期。公元1434年朝廷决定以最隆重的礼仪、即大牢之礼祭祀孔子，后来孔子被尊为"万时帝王之师"。除京城之外，各地普遍建立孔庙。黎圣宗（1460－1478）于儒学造诣颇深，他设置五经博士；科举考试制度化，定三年大比之例；修订礼乐，改革风俗，企图开创尧舜式太平盛世。1663年，朝廷颁布教化四十七条，以儒家伦理调节父子、夫妻、婆媳、男女、师徒、乡党、军民等各方面的关系，如其中规定"为臣尽忠，为子止孝，兄弟相和睦，夫妻相爱敬，朋友止信以辅仁。父母修身以教子，师生以道相待。……"它还要求乡里长幼互相敬爱，相约兴利除弊。各级政府衙门都要把这四十七条挂于议事堂，还要转送所有的社区，让他们写在匾上，悬挂在亭中，乡中集会时要讲解四十七条内容。总之，要利用各种机会，让官员、百姓耳濡目染，知晓儒家伦理规范，知道那些可做，那些决不能做。这种做法使孔学在越南融入民族的灵魂，从而巩固了越南社会的安定，提高了人民的精神素质。

儒学的兴盛促进了民族文化的全面发展，经学、史学、文学都空前繁荣，著述丰盛，名儒辈出。杰出的政治家、思想家、文学家阮荐尊奉孔孟学说，加以民族化。其思想体系的核心是"仁义"，认为行仁义最重要的就是救民、安民。他尤其注重忠、孝二目，但是阮荐的"忠"观念已与传统儒家不尽相同，提出善于择君而事、能够辅佐君主达致太平盛世的人才是真正的忠臣，特别强调民族认同感，要求"尽忠报国"。他的《国音诗集》是越南现存第一部完整的喃字诗集。杰出的史学家吴士连按照儒家思想编著越南历史，出版了越南第一部编年体史学巨著《大越史记全书》。后黎后期的哲学家、史学家、政治家黎贵惇深受儒家民本思想的影响，要求统治者行德政而宽民力；又力倡以真才实学选拔人才，提出衡量官吏的主要标准是得民心。他整理民族文化遗产，以创新的精神融汇不同的文化。

1802年建立的越南最后一个王朝阮朝沿袭前朝尊儒政策，统治者特别注重用儒学培育储君和诸皇子，对他们的学业督导甚严，因此即位君主在儒学方面大都有相当造诣。随着越南文化在内容和地理上的扩展，儒学的影响范围也比以前扩大了许多。

自从西方文化东渐以后，儒学在越南开始衰落，但是孔学已经积淀于越南的传统之中。如越南民族格外强调爱国主义和群体团结的精神，具有反抗外来侵略的光荣传统，这同孔子济世安民、"杀身以成仁"的思想和忧患意识的影响是分不开的。正如越南现代著名历史学家陶维英所说："正因为有儒教才使国家统一，使人民具有国家意识和民族精神。当国家面临外侵时，国家之所以能奋起抗击，保卫江山，一部分是由于儒家造就了多少代有忠君爱国精神的人。"（《从十九世纪至八月革命越南思想的发展》第二集）越南人民的伟大领袖胡志明主席就是一个受儒家教育很深的人，他曾经自言其志："忠于国，孝于民"，赋予儒家观念以时代的内容。

儒学文化圈的形成

在古代，朝鲜、日本、越南等国都是把儒学作为一种先进的学

越南河内孔庙

说加以接受的，经过漫长的历史演变过程，儒学与东亚各民族的文化水乳交融，成为他们的精神支柱，形成"儒学文化圈"。孔学作为一种传统，在东亚各国已经成为有许多共同特征的生活方式和思维方式。但是朝鲜、日本、越南等国的儒学也并非中国儒学的简单移植，这些国家按照各个时代各自的需要，选择、或强调儒学中的某些内容，并且用本民族的形式加以表达和发展，从而创造了本土文化，形成各自的民族心理。

　　传统儒学有许多不适应现代化的内容，如三纲观念、等级意识、宗族主义、重农轻商等，这些方面在东亚现代史上成为攻击的对象。但是与此同时，东亚的共同传统也为他们成功地应对现代化潮流的冲击、西方文化的挑战提供了思想条件和精神基础。孔子思想和儒学所培育的群体意识、爱国主义精神、知识分子的使命感和责任心、追求知识、真理和精神卓越的传统、伦理观念和道德主体意识使东亚各民族在困厄中崛起，把危机变为铸造新的辉煌的契机。经过革命、改革和批判运动的洗礼，儒家传统在清除其过时的内容以后，在现代化中获得新的生命力，显示了其独有的价值，并使东亚各国各方面显示出勃勃生机，为世界所瞩目。

第四章

孔子与欧洲启蒙运动

孔子思想在欧洲的传播

据英国著名的科学史专家李约瑟推测，早在公元二世纪，关于儒家的一些传说似乎已经到达欧洲，但是最早亲身感受儒家思想的欧洲人是十三世纪的意大利人马可·波罗，他盛赞东方文明，不过没有特别介绍孔子和儒家。最早特别注意、并着力研究孔子学说的西方人是十六世纪来华的天主教传教士，其中最为著名的是意大利人利玛窦。他在1580年到澳门，1589年到韶州，学习四书五经，后自称"西儒"，奉行"合儒"、"补儒"的传教方针。1594年，他出版了拉丁文译本的《四书》，这是用西方文字出版的第一本儒家经典；并于1595年在南昌出版《天学实义》，用儒学论证天主教教义，此书后来翻译为多种文字。他认为儒学是以自然法则为基础的哲学，儒家没有偶像崇拜。他的《基督教传入中国史》向欧洲详细介绍了孔子学说，曾以意大利文、拉丁文、法文、德文和西班牙文出版。它对"欧洲文学、科学、哲学、宗教及生活方面的影响，或许要超过十七世纪其它任何的史学著作"（《利玛窦日记·英译者序》）。他尊敬孔子，不反对中国教徒的祭祖祀孔活动，竭力把基督教与孔学精神相结合，被称为"基督教的孔子"。

从此之后，在中国的许多西方传教士效法利玛窦，一面传教，一面研究儒家经典，向西方介绍儒学，这样儒学经典越来越多地翻

意大利天主教耶稣会传教士利玛窦像

译成西方各种文字，同一本著作出现了多种版本。1626年利玛窦的弟子、法国传教士金尼阁把五经翻译成拉丁文。1662年意大利传教士殷铎泽用拉丁文翻译《论语》和《大学》，同年比利时传教士柏应理刊印《中国箴言》，包括拉丁文《大学》和《论语》前五篇。1669年殷铎泽以《中国政治道德学》为书名，出版拉丁文《中庸》，附有《孔子传略》。1672年在巴黎以拉丁文和法文再版。1687年，殷铎泽与传教士柏应理、鲁日满（比）、恩理格（奥）、郭纳爵（葡）按照法国国王路易十四的敕令合编的拉丁文《中国之哲人孔子》在巴黎出版，此书全译儒家《四书》，内附孔子画像、《孔子传》、《周易》64卦及其意义。这本书对儒学的颂扬达到了新的高峰，使西方始知孔子为东方最伟大的思想家和教育家。此书的问世引起强烈反响。1688年6月学者柏尼埃在巴黎的《学术报》上评论道："中国人在德行、智慧、谨慎、信义、诚笃、忠实、虔诚、慈爱、亲善、正直、礼貌、庄重、谦逊以及顺从天道诸方面，为其他民族所不及，你看了总会感到兴奋。他们所依靠的只是大自然之光。你对他们还能有更多的要求吗？"

西班牙历史学家门多萨编撰，于1585年在罗马出版的《中华大帝国史》的封面

当时欧洲各国以本民族的文字翻译儒家经书、介绍中国和孔子学说的著作以法文为最多。1703年至1735年之间，《耶稣会士书简集》在巴黎陆续出版，其中有16封传教士讨论孔子思想的书信。1711年比利时出版了传教士卫方济用法文翻译的《大学》、《中庸》、《论语》、《孟子》等书，1722年来华的法国传教士宋君荣将《诗经》、《周易》、《尚书》、《礼记》等译成法文，并加上注释。由于当时法文是国际语言，在欧洲最为盛行，所以这些著作的阅读面遍及整个欧洲。

在沙皇俄国，《大学》和《中庸》的第一个俄译本，是汉学家梁捷夫从汉文和满文版本翻译的。《大学》于1780年出版，附有大量注释和康熙写的前言俄译文。《中庸》最早出版的俄译本是俄罗斯帝国外交委员会译员阿列克谢·阿加封诺夫的《忠经，或论忠的书》，由阿加封诺夫于1784年译于伊尔库茨克，出版于1788年。

1723年，瑞典的约翰·阿德·贝尔曼用瑞典语翻译了一本儒家箴言，收孔子等人的语录80条，是以法国传教士迈克·波陶德的拉丁文本儒家经典为基础翻译的，主要内容是关于人类道德完善和理想人格的讨论。这也许是瑞典最早关于中国典籍的翻译，虽然是间

法国洛可可风格画家代
表布歇于1742年所绘的
中国人钓鱼图

接的。

近代欧洲的"中国热"

孔子学说在欧洲的迅速传播同天主教内部的"中国礼仪之争"和同时出现的"中国热"相关。礼仪之争是指十六世纪末开始的、以利玛窦为代表的耶稣会为一方，与多明我会、方济各会等教派为另外一方，就中国教徒是否可以祭孔祀祖、能否使用中文"上帝"一词表达基督教的上帝概念等问题展开的论战。前者主张保留中国的礼仪，后者认为那是异端，加以反对。论争导致教皇与清朝康熙帝的冲突。这场论战在欧洲涉及到的范围，从宗教扩展到语言、哲学、伦理学等方面，双方发表的著作多至二百六十多部，时间延续了二百多年。论战吸引了欧洲整个知识界的密切关注。法国的思想家伏尔泰说它比古代特洛伊战争还要出名。它促使西方知识分子了解中国文化，研究孔学，从而极大地促进了孔子思想在欧洲的传播，孔子思想的意义因此成为欧洲知识界的热门话题。

十八世纪瑞典皇后岛所建中国宫及其他欧洲国家的中国花园

　　与此同时，灿烂的中华文明吸引了越来越多的欧洲商人、旅行家来到中国，他们把精美的物品如丝绸、瓷器、漆器、家具，以及各种艺术如故事、山水画、园艺、工艺品、装饰品等带到西方。欧洲人对来自中国的所有的事物都非常着迷，赞叹不已，并且尽力收集、模仿或仿造。许多宫廷、贵族之家设有放置中国物品的中国式房间，不少王公如肯特公爵，建造了美丽的中国式花园，园中往往都有宝塔、亭台楼阁。这种"中国热"从十六世纪末开始，到英国工业革命和法国大革命时为止，延续了二百年。这实际上是欧洲继地理大发现以后的文化大发现，美国亚洲研究协会主席雅各布森在其《休谟哲学可能受东方影响》中说："人们很难想象还有什么影响比中国对十七、十八世纪欧洲的冲击更大、方面更多。"这反映了许多西方学者的共同认识。

欧洲启蒙思想家的尊孔

正是在中国热的历史氛围中，西方知识分子的代表性人物在惊异于东方文明的灿烂光辉的时候，探索这一文明发展的思想基础和精神动力，当他们发现其深刻的根源主要是儒家哲学以后，自然就热情地赞颂孔子的思想和儒学的精神价值。最早作出反应的是德国伟大哲学家、数学家莱布尼茨。

莱布尼茨对中国的一切都十分感兴趣，他在给柏林的选帝侯夫人夏洛蒂的信中表示准备在自己的办公室的门上挂上"中国事务处"的牌子。他主要是从耶稣会士那里获得关于儒家的思想，他同赴华传教士有直接而密切的接触，并且尽一切力量收集有关中国的材料，如饥似渴地阅读传教士们介绍儒家学说的著作，这就使他能比同时代人更广泛地、更深入地了解儒家思想，更不带成见地评论中国文化。他撰写了专门论述中国哲学的书《致雷蒙德先生的信：论中国哲学》，充分肯定中国文化和孔子学说的价值。他在其编辑出版的《中国近事》中承认："在实践经验方面中国人却比我们强。他们的帝国数千年以来一直处于繁荣昌盛之中，古老的传统一直被保存着，而在欧洲，由于民族的频繁迁徙，这种传统大部分丢失了。"具体地说，"有一点是肯定的，这就是在实践哲学，即伦理与政治方面，我们不如他们"。他特别欣赏孔子的和的观念，说"在那儿，所有的一切均以社会的安定和平为最高目标，非常流行人与人之间的相互尊敬，因此人与人之间很少给对方造成不愉快"。他如此重视和的观念，以至于把"先天和谐"作为他的哲学的基石。

莱布尼茨关于中国、特别是儒家思想发表的看法，在德国、甚

德国的哲学家、科学家莱布尼茨
莱布尼茨的《中国近事》

至整个欧洲产生的影响同他在哲学和数学上的成就的影响一样大。他的思想的直接继承人、著名的哲学家、科学家沃尔夫用德语宣传孔子思想，1721年7月在哈雷大学发表《中国的实践哲学》中，他赞扬孔子的思想和活动是"出于希望百姓幸福安康的爱"，认为孔子的道德理论不是以宗教神学为依据，而是纯理性的伦理学说，它证明人的理性本身有能力达到道德上的真理。他提出儒学可以弥补基督教的不足。他因此被认为是倾向无神论，被普鲁士国王威廉一世驱逐出国。然而，他的声誉并没有因为政府的高压手段而降低，他反而得到了更多人的同情和尊敬。十几年后，新国王登基，他被宣布无罪，召回国内。他的思想后来风靡德国。在德国对儒学表现出极大热情的还有伟大的文学家歌德。他很早就读过儒家经典的译本，非常欣赏那些渗透了儒家伦理思想的中国古代文学著作。由于他经常赞扬孔子的思想而被称为"魏玛的孔夫子"。

孔子的思想在英国也广受赞誉，英国政治家、散文家坦普尔爵士读了柏应理的《中国哲学家孔子》后，十分推崇孔子的为人。他说，孔子是一位极其杰出的天才，学问渊博，德行可佩，品行高超，

德国文学家歌德

既爱自己的国家，也爱人类。他还提到孔子的文风，说"词句典雅，巧譬善喻"。他在自己的著作中经常引用孔子的话语，他评价孔子的著作："似乎是一部伦理学，讲的是私人道德、公众道德、经济上的道德，都是自治、治家、治国之道，尤其是治国之道。他的思想与推论，不外乎说：没有好的政府，百姓不得安居乐业，而没有好的百姓，政府也不会使人满意。所以为了人类的幸福，从王公贵族以至于最微贱的农民，凡属国民，都应当端正自己的思想，听取人家的劝告，或遵从国家的法令，努力为善，并发展其智慧与德性。"（以上见范存忠《中国文化在启蒙时期的英国》，上海外语教育出版社，1991年版）

在近代西方，儒家思想影响最大的国家是作为当时欧洲文化中心的法国。法国重农学派的创始人魁奈对孔子思想推崇备至，他的政治和经济理论借助于中国的儒家学说，这是魁奈自己乐于承认的。他评论《论语》二十篇说："它们都是讨论善政、道德及美事，此集满载原理及德性之言，胜过希腊七圣之语。"孔子说："百姓足，君孰与不足？百姓不足，君孰与足？"（《论语·颜渊》）魁奈根据

十八世纪法国启蒙思想家、作家伏尔泰

这种说法提出："农人穷困，则国家穷困；国家穷困，则国王穷困。"
1758年魁奈发表了受到普遍重视的《经济学图表》，他的学生认为
它完全继承了孔子思想。他高度评价孔子的举贤才主张，说这使
"中国无世袭贵族，官爵仅靠功绩与才能获得"，称赞中国在孔子思
想的基础上实行的科举制度"使工匠的子弟也能当上总督"。对于
启蒙运动一个十分重要的思想、即美德可以教成的思想，魁奈认为
除了中国人以外，普遍被人们忽略了。由于他对孔子热情赞颂，魁
奈获得了"欧洲的孔夫子"的称号（以上对魁奈与儒家思想关系的
论述，参见《十八世纪中国与欧洲文化的接触》，利奇温著、朱杰
勤译，商务印书馆1962年版，第94页）。

法国最推崇孔子的是伟大的思想家、文学家伏尔泰，他仔细地
研读了介绍中国的社会与文化、以及关于孔子的各种著作，对中国
的一切都赞不绝口，特别钦佩孔子的哲学。他说孔子提出的道德规
范指导着从统治者到平民的修身、齐家、治国、平天下，使中国二
千年来得以国泰民安，甚至在思想上征服了强大的入侵者，这种世
界仅见的历史现象，显示了孔子思想的强大威力。他曾经写诗一首，

法国于1789年颁布的《人权宣言》

表达对孔子的敬仰："子所言者惟理性，天下不惑心则明。实乃贤者非先知，国人世人俱笃信。"伏尔泰还把孔子的画像挂在自己的礼拜堂中，以便朝夕礼拜。为了宣扬孔子的伦理思想，他根据元曲《赵氏孤儿》创作了剧本《中国孤儿》。它又名《五幕孔子的伦理剧》，在欧洲产生了广泛的影响。他在《哲学辞典》的"哲学家"一节中写道：孔子"在公元前六百年便教导人们如何幸福地生活"，"自他之后，普天之下有谁提出过更好的行为准则？"伏尔泰特别赞扬孔子"把'己所不欲，勿施于人'这条法则铭刻在每个人的心中"（以上见杨焕英《孔子思想在国外的传播与影响》，第166—167页）。由于伏尔泰的巨大影响，1793年法国《人权和公民权宣言》中把孔子这句话收入其中，说："自由是属于所有的人做一切不损害他人权利之事的权利；其原则为自然，其规则为正义，其保障为法律；其道德界限则在下述格言之中：己所不欲，勿施于人。"这样它就把孔子提出的这条准则同人类的自由的理想相联系，从而对人类历史的发展产生了深远的影响。

孔学在启蒙运动中的作用

孔子思想之所以会在近代欧洲产生如此巨大的反响，是因为它的一些内容适应当时社会的需要。十七、十八世纪欧洲面临着反对教会所维护的神学蒙昧主义和大陆大大小小封建主所实行的封建专制主义的历史任务，因此，当重视道德和理性、具有无神论倾向的儒学传到欧洲的时候，立即成为启蒙运动的一些代表性人物的思想武器，服务于他们在政治和思想上的目标。孔学在欧洲启蒙思想家手中主要发挥了以下两方面的作用：

首先启蒙思想家用儒家的道德观念来批判教会和封建主的腐朽和残暴。莱布尼茨曾经为欧洲各教派的相互争吵与残杀而痛心疾首，深感当时欧洲统治阶级道德的败坏。他以为学习孔子倡导的道德规范，可以帮助欧洲解决自身的问题。伏尔泰也有类似的看法，他在其《风俗论》第二章说，儒家的道德思想"批判了我们基督教的道德观念。因为中国儒教的教义从来就没有被那些无稽的寓言所亵渎，被激烈的争吵和残酷的内战所玷污过"。他指出欧洲的君主面对中国的榜样，应当"赞叹，脸红，然而更重要的是要去仿效"。在伏尔泰看来，人们只要实行孔子主张的仁义，世界上就不会有什么斗争了。

法国启蒙运动的中坚力量是百科全书派，此派的中心人物之一、身兼巴黎科学院、柏林科学院、俄国科学院院士的霍尔巴赫非常厌恶封建君主的独断专行和凶暴残忍，因此推崇孔子的以德治国的思想。他在其《德治或以道德为基础的政府》书中指出："在中国，理性对于君主的权力，发生了不可思议的效果，建立于真理之永久基础上的圣人孔子的道德，却能使中国的征服者，亦为所征服。"这显然是指康熙等满清前期统治者推崇孔学。他认为国家的繁荣，

十八世纪法国启蒙思想家狄德罗

须依靠道德，因此提出欧洲政府"非学中国不可"。

其次，欧洲启蒙思想家提倡儒家的理性主义，反对基督教的信仰主义和崇拜超自然力量的迷信，这促进了欧洲无神论思想和唯物主义哲学的发展。法国启蒙运动的先驱培尔以怀疑论为武器反对基督教的经院哲学和天主教会，甚至对新教的教义也提出挑战，他对上帝存在、灵魂不死等神学基本原理表示怀疑。他认为理性与信仰是对立的，宗教信仰是神秘的，而神秘的东西是荒谬的。培尔的怀疑论的哲学来源除了古希腊的皮浪，就是他坦率地表示钦佩的中国哲学，他以儒家思想为例说明信奉无神论的国家同样可以创造出繁荣昌盛的文化。他的这些思想在欧洲产生了巨大的影响。

百科全书派采用同培尔一样的手法批判神学。这一派的领袖狄德罗非常欣赏孔子不讲超自然的奇迹，只重视理性，他在其编纂的百科全书中详细地介绍了儒家的思想和著作。伏尔泰特别赞赏孔子绝口不谈"怪力乱神"，在《风俗论》第二章中说孔子"不以预言家自居，不讲来世生活，只讲道德"，他认为这比基督高明得多了。伏尔泰把儒家崇敬孔子同宗教的偶像崇拜相对照，说"人们对于孔子的信仰不同于对神的膜拜"，指出"在中国确实有很多读书人事实上是相信唯物主义的，但他们的道德观却没有违背儒教。……因为按照道德规范行事，并非一定要信仰什么宗教不可"。

　　由于近代欧洲对中国的社会、文化和思想的了解还不全面，所以启蒙思想家对孔子和儒家思想的认识不免有理想化的成分，但是不容抹杀的历史事实是孔子和儒家思想对于欧洲反对封建主义、挣脱神学的桎梏起了十分重要的作用。西方学者指出：值得怀疑的是，如果没有这种来自东方的帮助，"西欧能否成功地进行生活的世俗化和非宗教化。"（雅各布森《休谟哲学可能受东方影响》，载于《中国哲学史研究》1986年第1期，第114页）启蒙运动改变了欧洲历史发展的方向，因此影响了启蒙思想家的孔子思想也参与塑造了近代欧洲。

第五章

孔学在现代世界的影响

海外儒学研究复兴的学术基础

在十九世纪和二十世纪前期，由于东方政治、经济、军事方面的落后，儒家思想在西方被许多人视为是陈旧的、保守的，不能适应现代社会的需要，妨碍现代化的进程，因此在世界上不受重视，在东亚以外的地区影响很小。尽管如此，由于孔子思想自身的价值，由于儒学曾经创造了高度发达的东方文明，仍然吸引了世界各地的一些学者和文化巨人的目光。

十七、十八世纪的西方来华传教士所翻译的儒家经书有严重的缺点，它们当中有一些译述不全，理解有误，行文不通，词句粗劣。由于中西文化交流的扩大和汉学的发展，西方学者能够更好地理解儒家经典，到十九世纪下半叶和二十世纪前期，西方出现了更多完整、准确地翻译和介绍四书五经的著作，它们大多以中文注疏为基础，旁征博采，力图把握原文的原意，语言流畅，用词精当，后来在西方成为最权威、最通行的译本。它们对于儒学在西方的传播具有重大的历史意义，为现代西方重新认识、评价孔子奠定了坚实的学术基础。

近代西方出现了三位汉籍欧译大师：英国的理雅各、法国的顾赛芬和德国的卫礼贤。理雅各精通中文，又聘请学贯中西的著名学者相助，于1861年出版英文《四书》，1865年刊印《尚书》，1871年

《诗经》英译本问世，次年出版《春秋》、《左传》，1982年《易经》付印，1885年印行《礼记》。此外他还翻译了《孝经》、《道德经》、《庄子》、《离骚》等书，撰写了《孔子的生平和学说》、《孟子的生平和学说》、《中国的宗教：儒教和道教评述及其同基督教的比较》等。由于英文在现代世界使用范围越来越广，因此他的译本和著作以及其中表达的孔子思想也就流传到全世界各个角落。

法国的顾赛芬对中国的文化有精深的研究，他用法语和拉丁文翻译儒家典籍。他所翻译的《四书》、《诗经》、《尚书》、《礼记》分别于1895年、1896年、1897年和1899年出版。由于他的译本有可靠的学术依据，语言准确典雅，所以到二十世纪后半期还在巴黎再版。

德国汉学家卫礼贤曾在青岛做过二十几年新教传教士，1921—1929年在北京大学担任名誉教授，回到德国后在法兰克福任汉学教授，并建立了"中国学社"，出版杂志，主办有关中国文化的报告会和展览会，目的在于促进东西文化交流。他花费了数十年心血把《易经》翻译成德语，此译本至今已经再版了21次。他还在二十世纪头二十年中出版了德译本的《论语》、《孟子》、《大学》、《中庸》。此外他还写了《中国心》等著作，他以其精湛的学术在欧洲德语文化圈中赢得了很高的声誉。

与此同时俄罗斯的汉学也有了长足的进步。参加东正教第九届驻北京传道团的修士大司祭雅金夫·比丘林在北京居住十四年，他精通汉文、满文、拉丁文和法文，对中国的哲学、历史、文学、语言、社会都有深入的研究，并在其大量的著作中加以介绍。他还翻译了《四书》，被称为俄国汉学的鼻祖。参加第十届驻北京传道团的克雷姆斯基在其《孔子学说概述》中介绍了孔子的伦理学和教育思想，西维诺夫翻译了《四书》（1840—1842）、《诗经》（1855）、《书经》(1855)，还翻译了《中国通史》。汉学家瓦西里耶夫、又名王西里，是沙皇俄国的汉学集大成者，通晓汉、满、蒙、藏、日、朝、突厥语和梵文，著作等身，用俄语翻译了《论语》，1873年出版了他的《东方的宗教：孔教、佛教和道教》，对孔子和儒学给予高度评价。1866年他当选为俄国科学院院士。他根据对中国传统文化的了解，深信中华民族终将攀上世界文化的高峰。

美国早期汉学的代表性人物是卫三畏，他在十九世纪三四十年代在中国传教，对中国的社会和文化做了深入的研究，先后出版了十几本介绍中国的著作。回国后他在耶鲁大学任教，经常举办关于中国问题的讲座。1848年他出版了专门研究中国的著作——《中国总论》，此书曾被美国各大学采用为中国历史和文化的课本，时间长达几乎百年之久。他在书中对孔子称颂不已，说孔子的学说具有永恒的价值。他特别推崇儒家的"信义"观念，说在这方面"世界上很少国家能与中国相比"（卫三畏《中国总论》第二卷，第836页）。他认为孔子的著作"除了《圣经》以外，是任何别种书都无法与之匹敌的"（转引自顾长声《传教士与近代中国》，上海人民出版社，1981年，第187页）。1876年，卫三畏在耶鲁大学设立了美国第一个汉语教学研究室和东方学图书馆。从此以后，美国大学就开始设立研究中国的机构，并出版了一些著作。

汉学家们的著作对于向世界介绍儒家学说作出了历史的贡献，但是当时在社会上并没有产生广泛的影响。不仅如此，以德国思想家黑格尔和马克斯·韦伯为代表的西方人士还对儒学发表了一些否定性意见。尽管这样，即使在东方处于落后状态的时期，儒学中体现了人文精神的内容仍然得到世界上一些著名的哲学家和文学家的赞赏，并且以各种方式或多或少地融入到他们的思想和著作中去，从而间接地影响了世界的文化。

十八世纪欧洲宫廷中的中国织锦

　　美国著名的哲学家爱默生怀着强烈的兴趣阅读当时他能够获得的《四书》的各种译本，他发现孔子所说有些方面同他的人生观相当吻合，因此在他的日记、笔记和文章中，以及他创立的学派的刊物上大量摘抄、引用孔子的话语。他虽然以激烈的言辞批判中国的封建专制主义，但是对孔子却赞不绝口。1845年他在日记中写道："孔子，民族的光荣，孔子，绝对东方的圣人"，"他是哲学中的华盛顿"。爱默生敬重孔子的勤奋好学、诲人不倦的精神，以及"知之为知之，不知为不知"的实事求是的态度。孔子极其崇尚道，曾经说过"朝闻道，夕死可矣"（《论语·里仁》），这句话引起爱默生的强烈共鸣，因为他认为，上帝是一种纯粹的精神，不能把上帝人格化。他还认为人和自然存在着一种精神上的对应关系，因此儒家的天人合一和道德天性对他颇有启迪。《论语·子罕》云："子在川上曰：逝者如斯夫，不舍昼夜。"他读后便把这隐喻化用在《超灵》的论著中，说："人是一条不明源流的溪水。人生的存在总是从人们一无所知的地方降落在人生之中。"每当他观看那条看不见源流的河水时，"我发现我只是这条天水的惊诧的旁观者"。在教育的目的上，他赞同孔子"君子不器"的思想，主张把人当作目的本身，培养完整的人。1868年他在波士顿市长欢迎中国外交使团的宴会上以赞叹的口吻说，孔子提出中庸之道比耶稣提出的"为人准则"早了足足五百年。

与爱默生同时代的美国进步的思想家、作家、废奴运动的支持者梭罗也是孔子思想的欣赏者和宣传者。1843年他在为《日晷》杂志编辑"伦理典籍"栏目时，分两期（四月和十月）专门介绍孔子和《四书》。他曾在沃尔顿湖畔的树林中独居两年，以实践儒家关于道德修养的思想。他在其《沃尔顿》的许多地方用孔子和其他儒家大师的语言来说明自己的思想和情操。如以"德不孤，必有邻"（《论语·里仁》）的话来坚定自己寄情山水、贫而乐道的选择。他在这本书中又引用《论语·宪问》中关于孔子肯定勇于改过的贤人蘧伯玉的记载，加以发挥，说蘧伯玉的故事具有永久的意义：道德修养是一个长期的过程，需要"至诚无息"（《中庸》），"止于至善"（《大学》）。在这本著作的"结论"部分，他要求人们安于清贫，以保持自己的独立思想，他用孔子的名言来加强自己要说的意思："三军可夺帅也，匹夫不可夺志也。"（《论语·子罕》）他的著名文章《论民众的不服从》曾经对印度圣雄甘地和美国民权运动活动家马丁·路德·金产生过重大的影响，他在这篇文章中指出，在腐败政府的统治下，一个人财产多，给政府交税也就多，这实际上就是在支持腐败的统治，随后他以孔子的话来论证，孔子说："邦有道，贫且贱焉，耻也；邦无道，富且贵也，耻也。"（《论语·泰伯》）在他的生活和著作中，他的思想与感情已经同孔子完全融合为一了。

在十九世纪的世界文化巨人中最热爱孔子思想的是俄国的伟大作家托尔斯泰，据记载他最早是在1884年开始研究中国古代哲人的思想，这年2月间，他在给挚友切尔特科夫的一封信中说："我在读儒家著作，这是第二天了。难以想象，它们达到了不同寻常的精神高度。"在稍后的3月里，他又写信给切尔特科夫："我正沉湎在中国的智慧之中。极想告诉您和大家这些书籍给我带来的精神上的教益。"在这一年的日记的开篇，托尔斯就抄录下几十则"中国谚语"，其中包括孔子的语录。他在阅读儒家经典的时候经常赞叹不已，如在同年3月11日的日记中他写道："孔子的中庸之道妙极了。"在接着几天的日记中，托尔斯泰都谈到研读孔子，如3月15日："我的良好的精神状态也要归功于阅读孔子。"3月18日："孔子是对的。关键不是在于权力的力量，而是信念——艺术——教会的力量。"3月21日："读勒格译的孔子英文本至深夜。几乎所有的话都是重要而且深刻。"3月29日："读孔子。越来越深刻，越来越好。没有他和老子，《福音书》就不全了。而没有《福音书》，他却过得去。"他给友人切尔特科夫的信中激动地述说中国诸子给他的印象："我重感冒发烧在家，已经是第二天在读孔子。难以想象这是怎样崇高非凡的精神境界。"

托尔斯泰在其《日记》和《孔子的著作》等著作中披露了孔子学说中他特别欣赏的内容和他在哪些方面受到孔学的影响。托尔斯泰非常注意孔子关于道德修养的论述和以德治国的思想，孔学增强了他重视道德反对暴力的倾向。他在日记里抄录了孔子的话："政者正也。子帅以正，孰敢不正？"（《论语·颜渊》），托尔斯泰把这思想作为一种理论武器以反对凭借权力和暴力统治国家的做法。他曾选译《大学》的一段，其内容是关于修身为本、齐家、治国、平天下的道理，这与他注重个人自我完善的想法最为接近。此外孔子重人事、对鬼神存而不论的态度也加强了托尔斯泰反对神学迷信的立场。在1884年2月的一则日记里，他转述孔子论鬼神和生死的一段话："季路问事鬼神。子曰：'未能事人，焉能事鬼？'曰：'敢问死。'曰：'未知生，焉知死？'"（《论语·先进》）托尔斯泰评论说："什么是智慧？真诚地侍奉活着的人们，远远地离开所谓魂灵的世界——这就是智慧。"托尔斯泰在否定基督教崇拜的人格神和宣扬的神秘主义的时候，因为发现孔子相关的说法而大受鼓舞。

托尔斯泰一直对有关孔子的著作保持着强烈的兴趣，1891年在给彼得堡书商列捷尔列的信中，托尔斯泰开列过一份对自己生活各时期影响最大的书目。其中50岁至当时的63岁他认为影响"很大"的有孔子、孟子。而在托尔斯泰生命的最后十年，即1900—1910年，则是他对中国古代思想、特别是孔学表现出更高热忱的时期。1900年11月12日他在日记中写道："什么也没有写，在研究孔子，而且非常好，吸取了精神力量。想记下我现在对《大学》和《中庸》的理解。"同年11月14日的日记说："读孔子，而其它一切事情都显得微不足道。"他在晚年的许多文章中严厉斥责帝国主义侵略中国的罪行，对中国人民反侵略的正义斗争深表同情，对中华传统文化寄予无限的期望，他力图从中找到一种能解决当时世界危机的指导思想。1906年9月18日托尔斯泰寄给中国学者辜鸿铭的信中说道："我也曾尽力去了解我所能了解的中国生活中的东西，尤其是中国的宗教智慧——孔子、孟子、老子的著作及其注疏。""我认为，在我们的时代，在人类的生活中正发生着伟大的转变，在这个转变中，中国应该在领导东方民族中发挥伟大的作用。"

托尔斯泰直到生命将要终极的时候，还是在念念不忘宣扬孔子思想。就是在他逝世前不久，由他积极操持和编辑，"媒介"社出版了布兰热选编的《孔子，他的生平和学说》。托尔斯泰还写了《中国学说的述评》作为该书的序言。

十九世纪后期到二十世纪初西方和俄罗斯文化巨人对孔子学说的赞美可以说预示了现代西方世界对于东方价值的再发现。

国外儒学研究新高潮的出现

世界进入现代以后，海外对孔子和儒学的研究与认识经历了一个逐步发展的过程。在新中国成立以前，中国社会仍然处于革故鼎新的阵痛之中，儒学被视为封建主义的意识形态被当作革命的对象，受到猛烈的批判，在世界上自然不会受到重视。即使在这样的情况下，由于孔子思想已经在西方产生了广泛影响，因此总是有一些著名的知识分子对孔子表现了相当大的兴趣，欣赏儒学中某些观念，有的人甚至希望能够用它们克服现代化潮流中的某些弊端。

美国意象派"新诗运动"创始人艾兹拉·庞德就是这些人中的一个，他继承了爱默生、梭罗向中国学习的传统，对中国文化和汉字具有特别浓厚的兴趣。他认为，中国之于新诗运动，犹如希腊之于文艺复兴，因此借用中国古典诗歌美学支持他的意象派诗歌理论。他认识到孔孟思想是中国文化的精华，于是开始系统地学习中文和孔孟思想。从1907年开始的半个世纪中，他一直痴迷于中国文化、特别是其中的儒学和诗歌，以此摆脱自我精神危机。他虽然并不认识多少汉字，却根据自己的理解，并加上不少的发挥，意译了《大学》、《中庸》和《论语》以及《诗经》，实际上是阐述自己的思想。他倾尽全部心血写成的鸿篇巨制《诗章》是以他对儒学的独特理解为基础的。中国主题在《诗章》共117章中无处不在，从52章到61章被论者称为"中国诗章"，描写了繁荣昌盛的古代中国，宣扬了孔子的伦理哲学。他把儒学理想化，力图用它反对基督教。他对基督教文明深恶痛绝，他认为"所有的教堂都是暴行，像和尚的大腹便便一样指向着中世纪"（库克森编《庞德散文选：1909－1965》，伦敦法贝尔兄弟出版社，1973年，第410页）。他欣赏儒家思想中对一个人及其社会责任感的尊重，他希望用孔子学说治理腐败的资本主义制度。他把世界比作一个病入膏肓的人，认为孔子是唯一可以医治西方的医生，儒家思想为未来的世界秩序提供了蓝图。诗人艾略特问他"庞德先生相信的是什么"的时候，他理直气壮地答道："我信仰《大学》。"尽管庞德由于在第二次世界大战中由于倾向于法西斯而为世诟病，但正是通过庞德的译述，美国现代作家了解了孔子思想和中国的文化、文学特别是古典诗歌的成就。

二十世纪上半叶在欧洲也有像庞德这样赞扬儒家的人，如出生于德国的瑞士籍作家、1946年诺贝尔文学奖获得者黑塞就与中国文化结缘60年，1904他在结婚以后不久就在自己的家庭图书室设立"中国角"，收集的中国图书包罗万象，其中以儒家的著作为多。1909年他撰写《孔子》一文，给孔子以高度的评价。后来他在《我最喜欢的读物》中赞扬孔子"接近普通人和生活"，"从不飞扬跋扈，不可一世"。他在评论《论语》中描绘孔子"知其不可而为之"一句话时说他不曾在任何其他文学中看见任何类似的箴言，"我经常思索这句箴言，也在观察世界上种种事件时联想起另一些箴言，玩味那些在未来几年和几十年里有意治理世界和完善世界的人们所说的话语。他们和孔子一样行动，但是在他们的行动的后面，他们却

75

没有那种应该'知其不可而为之'的智慧。"此外他对儒家经典《周易》特别感兴趣，在《谈易经》中把它称为"神圣和智慧的书"，说自己因"其中的智慧而爱它，使用它"。实际上他在自己的文学著作中多次运用了《周易》的哲学思想。

德国剧作家、诗人布莱希特对儒家所提倡的道德虽然持怀疑态度，但却十分推崇孔子的品行，他曾打算写一出关于孔子生平的剧作，可惜后来只草拟了一个提纲。他从1933年起因反对纳粹政权流亡国外，直到1948年才回到柏林东区。他在漂泊的艰难岁月中一直带着一幅孔子画像，后来画像严重破损，他也不忍心丢弃，请人修复，保存到生命的结束，可见他对孔子的敬重之深。

由于新中国的成立及其国际地位的提高和东亚的经济奇迹的出现，二十世纪海外儒学研究随着汉学的兴盛而出现新的高潮。第二次世界大战结束以后，美国凭借其极其雄厚的经济实力，在文化上也取代欧洲在世界上占据支配地位，成为世界上最大的中国学研究中心。上世纪六十年代研究儒学的机构和学者大量增加，不少大学开设了讲授儒学的课程，选择儒学论题作博士论文的研究者越来越多。美国1951年创办了季刊《东西方哲学》，1967年成立"亚洲研究和比较哲学学会"并在各地区设立分会，稍后建立了"国际中国哲学学会"，它出版英文季刊《中国哲学》。所有这些学术刊物或机构，以及各种各样资助学术活动的基金会，还有不断举行的各种各样的讲座、研究班、讲习班，规模越来越大的学术讨论会，以及数量越来越多的论文和专著都有力地推动了美国、以至于全世界的儒学研究的高潮的出现，促进了孔学影响的迅速扩大。

这个时期美国汉学家对中国哲学、特别是儒学的探索已经从翻译、介绍、评述、比较研究，进入到作出新解释、新发挥的更高层次，这方面的研究成果，正如夏威夷大学安乐哲教授所说："是对那个目光狭隘、最关心（如果说不是只关心的话）伦理规范的、保守的人本主义者的孔子形象是一个挑战。"对儒学的新解释"埋葬了一些很具窒息作用的老框框，这些老框框长期以来妨碍人们对他（按：指孔子）的思想作出最富有成果、最深刻的理解"（郝大维、安乐哲《还其面貌：从孔学信徒中救出孔子》，载于《东西方哲学》1984年第1期，第3页）。

西方不少人有一种印象，以为儒家是保守的，缺乏活力，用传统来束缚人的思想，如二十世纪中期美国汉学权威费正清在其《美国与中国》说宋朝的儒学"成为中国人精神的桎梏。明代的统治者用它作为统治的工具"。美国已故著名汉学家李文森1958年在其《儒教中国及其现代命运》中曾说儒家传统的实质是"有意识地限制人们的精神"。针对这种认识，美国著名学者、曾经担任哥伦比亚大学教务长、美国亚洲协会会长的狄百瑞在其《新儒学的展开》中用宋元明清时期中国政治、经济、文化、特别是哲学的发展的大量史实，说明儒家传统思想充满了内在的活力。他指出明末清初的启蒙思想运动和新的人道主义、黄宗羲对君主专制的激烈批判，其思想恰恰是发源于理学。自北宋以来，理学不断产生新的思想、观念、理论和思潮，"十六世纪、十七世纪早期大概是中国思想史上最富有创造精神、最令人兴奋的阶段之一"（狄百瑞《明代思想中的自我与社会》，纽约，1970年，第3页）。这说明儒学不是僵死的思想体系，而是不断地进行自我更新。他强调儒学并不是唯我独尊的封闭的思想体系，宋明理学吸收佛道哲学理论，理学家用孔学同化入主中原的蒙古、满清统治者，儒学被朝鲜、日本、越南接受为指导思想，都证明了儒学是一个开放的思想体系，儒家具有开放的心灵，这正是当今世界所需要的。

针对现代批判家指责儒家压制、抹杀个性，使人丧失自我的说法，狄百瑞在《明代思想中的自我与社会》中指出，儒家力图在与他人的关系中确立个人或自我的位置，在原则的基础上确保其权利和地位。孔子说："夫仁者，己欲立而立人，己欲达而达人，能近取譬，可谓仁之方也已。"（《论语·雍也》）狄百瑞认为这句话集中地反映了孔子关于个人的价值和作用的看法，表明人是在与他人的互动中规定自己，孔子让人在互助责任和道德关系之网中发现自己的价值，发挥个人的自由。狄百瑞用孔子的行事方式和生活态度说明儒家的个人与环境处于一种微妙的平衡之中；他把自己的自尊与对他人的尊重、他的内在的精神自由与对外界的责任加以协调；这种微妙的平衡无论是在儒家个人的自我发展中，还是在儒学的发展中，都是最关键的因素。正是在这样的思想基础上，后世儒家、特别是明代知识分子特别关心自我、个人的作用、地位和价值。儒家还诉诸良知，这能极大地增强个体自我的自主性。在狄百瑞看来，儒家涌现出许多有独立人格、富有创造精神、有才智的个体的事实证明儒家抹杀个性的说法是没有根据的。

无论是东方还是西方都有不少人认为儒家具有专制主义倾向，为了反驳这种说法，狄百瑞写了《中国的自由主义传统》一书，提出孔子用过去的理想和榜样来批判现存的制度和当权者，儒家倡导公开的哲学讨论和政治评论，这也是一种自由主义。他认为自由主义代表一种与现存的非正义的政治相对立的改良主义。儒家主张仁政，增进社会福利，改革政治，有的人大胆指陈朝廷政事上的弊端，树立了改革政治和自我牺牲的榜样，而大儒黄宗羲甚至猛烈地批判专制主义政治制度，从而形成了自由主义的传统。此外儒家反对过分依赖外部权威，要求以纯正的良心指导自己一切行为，这也具有自由主义的价值。

美国另外一位颇有影响的中国学家、哈佛大学历史与政治学教授史华慈是一位学术成就卓著的学者，他著作等身，曾任美国亚洲研究学会主席，1998年1月被授予美国历史学会"学者荣誉奖"，这是美国历史协会给予资深历史学家的最高荣誉。他除了对中国现代史有精深的研究以外，对儒学也发表了一些引起广泛注意的观点。他在其受到广泛赞誉的《古代中国思想界》中对孔子十分重视的"礼"的观念做了新的阐述。鉴于思想界和学术界对礼束缚人的思想和行为的功能的论述颇多，史华慈承认礼的一个基本目的是维持等级制，加强长上的权威，但是他着重指出，礼能使人产生肃穆、虔敬的情感，孔子特别关心人的心灵，加强人的精神生命和精神生活是孔子所作出的真正的革新之一。孔子思想的实质不是要人们服从长上，而是服从礼，目的是培养高尚的精神和情感。史华慈说，由于这个原因，在《论语》中孔子最感兴趣的不是特定的礼和礼的细节，而是人的道德和性情。至于权威和等级，史华慈认为应当用历史的眼光加以分析。他认为在古代幅员辽阔的国家为了维持社会秩序是必定要采用它们的，尽管现代社会已创造了一些办法来限制它们的作用范围，但是现代极其复杂的文明是否能够完全抛弃它们仍然是个问题。因此，"孔子关于人们如何把权威和不等的权利的行使加以人道化的问题，我们仍然会遇到，不管我们对他的解决办法有怎样的看法"。

关于孔子的仁的观念，史华慈的论述也具有一些新意。他认为仁并不是一种既成的道德品质，而是通过个人的修身来开发和增强的道德力量，它表现为道德的主体性，要在善与恶之间作出抉择，因此是"个人的内在的道德生命，包括自我认识和反思的能力"（以上所引，见史华慈《古代中国的思想界》，哈佛大学出版社，1985年，第70、75页）。根据这种理解，史华慈提出，孔子的仁特别重视内在精神的决定作用，要求意志自由，这就是孔子注重增强人

的内心觉悟的原因，所以他说："不愤不启，不悱不发。"(《论语·述而》)

美国汉学家对孔子教育思想的价值也加以充分的肯定。芝加哥大学教授顾立雅一生写了不少专题研究孔子的书，如《传说中的孔子》、《孔子其人及其神话》、《从孔夫子到毛泽东的中国思想》、《孔子与中国之道》，他对孔子的教育思想的价值评述尤多。他提出孔子教育的目的是要促进"社会合作"和"人民的幸福"，他的"学而优则仕"的主张，不论出身，使一般的人有参政的机会。孔子反对用强制的方法让学生死记硬背，倡导启发式教学法，孔子经常开展集体讨论。顾立雅认为这种方法同现代西方大学推行的教学方法很相似，孔子的教育思想体现了鲜明的民主主义。顾立雅说"孔子的理想与现在的民主主义思想很多相同"(以上见陈景磐《西方学者孟录、顾立雅等论孔子的教育思想》，载于《北京师范大学学报》1981年第1期)。

美籍华裔学者是美国儒学研究的一支实力雄厚的生力军，他们大都学贯中西，能够熟练使用中英两种文字，又精通西方哲学，能够用现代哲学的眼光、理论来分析、阐述中国古代经典，因此在儒学研究中往往能够发前人之所未发。陈荣捷就是其中之一。他曾在美国达特默斯学院、哥伦比亚大学等学校任教，当选为美国亚洲研究与比较哲学协会会长、北美华裔学人协会副会长。他发展了前人对孔子仁的观念的认识，提出孔子的一个突出的思想成就是突破了把仁只是看成表示仁慈的特殊美德的传统看法，把仁当作所有的美德的基础和来源，又包容所有的美德，是一种最高的、普遍的美德，在孔子思想中仁成为哲学的中心问题，它指"道德生命"(见陈荣捷《儒家仁的概念的发展》，载于《东西方哲学》1955年第4期)。仁即创生，是生生不息，它体现了最根本、最普遍的法则，即创造

用各种语言出版的《论语》

的法则。因此孔子不给仁下固定的定义，而是根据不同的时间、地点和场合，针对不同的对象和不同的问题，阐述仁的不同内容，这样才不会限制仁的内涵，才不至于使它丧失内在的活力。陈荣捷认为孔子拒绝给仁下定义正是孔子思想的深邃之处，也正是仁的观念有价值的原因。孔子不把仁的含义固定下来就为它在以后的发展创造了条件。

哈佛大学教授杜维明按照陈荣捷的思路，创造性地阐述了孔子仁的观念、以及仁与礼的关系。他提出仁是"与自我更新、自我完善、自我实现相联系的"；在《论语》中仁差不多同所有的概念联系在一起，经常同礼、智等基本范畴对举，正是由于仁，礼、智等概念才得以形成，它们反过来又丰富、深化了仁这一崇高精神的源泉。仁作为儒家的理想是普遍的，而不是特殊的，但是在具体地实施仁的过程中，在礼的范围内却又存在对特殊的考虑。仁需要向外界展示自己的窗户，否则它就被窒息，这个窗户就是礼所表现的社会规范；礼靠仁赋予意义，以仁为其灵魂，它应当是仁的外在化和体现，是仁在特殊社会条件下的外在表现。如果失去仁，礼就会变成摧残人的社会强制性的行为。通过这样的阐述，孔学的概念就显示出极其深刻的哲学内涵，从而在西方思想界引起广泛的注意和强烈的兴趣，在相当大的程度上扩大了孔子和儒学的影响（以上见杜维明《仁与礼的创造性张力》，载于《东西方哲学》，1968年，第18卷第34页；又见他的《人性与自我修养》，中国和平出版社，1988年，第11页）。

　　二十世纪下半叶，欧洲的儒学研究也在升温，孔子再次引起法国学术界乃至广大读者的注意。八十年代初，为纪念孔子从事教育活动2500周年，巴黎让·德鲍诺出版社出版了《中国至圣先师孔夫子文集》的中、法文对照本。法国美术家为该书绘制326幅插图。1988年，皮埃尔·里克兰重译了孔子的《论语》，由东方知识出版社出版。德国在六十年代以后出版了一些论述孔学与中国历史、特别是中国现代史的关系的著作，如慕尼黑大学的金德曼1963年在弗赖堡出版了《儒教、孙逸仙主义和中国共产主义》，奥皮茨1969年在慕尼黑出版了从《从儒教到共产主义》，1972年在苏黎世出版的《世界史上的伟人》对孔子做了高度的评价。1988年在波恩举行了"儒学与中国的现代化"的国际学术讨论会，进一步推动了欧洲的儒学研究。

孔子价值在西方世界的再发现

　　汉学家对孔子思想的论述主要在学术界产生影响，但是从二十世纪七十年代开始，西方一些政治观察家、经济学家和汉学专业外的学者对儒学价值的再发现则把孔子思想影响的范围扩大到广大的公众。孔子价值的再发现是由六十年代起日本和东亚四小龙，即韩国、台湾、香港和新加坡出现的经济奇迹促成的，其中心问题是儒学与现代化的关系。

东亚的经济飞速发展的一个基本原因是学习、采用了西方发展经济的模式和经验，以及西方的生产、经营管理的方法，对于这一点世界上是没有争论的，问题是同样是学习西方、努力实现经济现代化，为什么惟独日本和东亚四小龙在世界上能够脱颖而出，产生经济奇迹？在探讨这一问题的过程中一些具有敏锐观察力的人士发现东亚的经济腾飞具有深厚的精神基础，这就是儒家文化。最早明确揭示这一点的是美国著名的未来学家、经济学家、美国的思想库赫德森研究所的创办人和所长赫尔曼·卡恩。

1979年卡恩与其同事佩珀合著的《日本的挑战》同时以英文在美国、加拿大、英国、澳大利亚和新西兰出版，又以日文在日本出版，为当年畅销书。此书把日本传统中促进经济增长的内容称为"儒家文化"，并且提出日本和东亚四小龙同属"新儒家社会"。之所以称为"新儒家"是因为这是经过改造的、容纳了现代文化内容的儒家传统。卡恩认为旧的儒家传统中有一些是阻碍现代化的，如轻视商人，但是它们在现代社会的革命或改革中被摧毁了，然而消灭掉的是儒学中不合时代潮流的东西，而不是传统本身，儒学中的许多基本内容保存下来了。它们能够幸存下来不是由于它们对经济发展有利，而是它们自身的价值，能够成为推动现代化的强大动力。

卡恩在同一年出版的长达五百多页的学术巨著《世界经济的发展：1979年及以后》中以很大的篇幅专门论述了孔子学说培育、发展而成的儒家传统中促进经济快速增长的内容。它们包括重视教育，个体庄重自制，尽力完善各种技能，对待责任、任务、职业非常认真，敬业勤奋，在被允许的范围内雄心勃勃，在帮助群体（家庭、社群、公司）时富有创造精神，而对私利的考虑较少。卡恩指出，儒家传统强调群体的利益，重视促成和谐的社会关系，虽然有等级意识，但在废除了封建等级制度以后，这种意识更多地强调不同身份的人之间的互补作用、在互补中的合作。他认为自觉的、有效率的、群体的和有组织的活动在现代社会比个人的能力更为重要。总之，卡恩认为在孔子思想的基础上形成的儒家伦理的两方面：即培养有内在精神动力、负责任的、有知识的个体，与强烈的献身意识、组织认同、对各种群体和机构的忠诚，这些都能使社会和经济更有效地运作，使新儒家社会的经济比其他社会有更快的发展速度（以上见卡恩《世界经济的发展：1979年及以后》，纽约莫罗·奎尔出版社，1979年，第121、122页）。

英国工党前议员麦克法库尔也有类似的看法，他在1980年2月9日出版的重要杂志《经济学家》上发表了《后儒家挑战》的文章中耸人听闻地指出，自工业革命以来的二百年中，东亚的儒家的继承者首次向欧美文化提出了唯一真正的挑战。他所谓的后儒家是指同时具有明显的工业主义和儒家特征的社会，其中儒学由于增添了一些新的内容而有了重大的改变。他所说的后儒家社会包括中国大陆、北朝鲜和越南在内的整个东亚地区。他提出，这一地区各国的政治形式虽然不同，但是却有一个共同点，即拥有相同的文化遗产，即儒家传统，他以为这具有重大的意义。他在这篇文章中概括的、促使经济腾飞的传统精神，除了卡恩所提到的以外，还有重视实用的学问，完备而有效率的官僚机构，个体注重道德，表现出自信，强调社会纪律，重视社会团结，人民生活节俭，因此储蓄率相当高。

卡恩和麦克法库尔的观点引起了强烈的反响，美国各方面的人士参加了关于东亚经济腾飞与儒家传统的关系的讨论，他们中有著名的政治家、银行家、企业家和新闻界的知名人士，他们对东亚经济的深入观察和研究印证和发展了卡恩的论断。如《纽约时报》的资深记者史蒂夫·洛尔1982年8月24日在《纽约时报》上发表《几个新日本发起工业挑战》。这里所谓的"新日本"是指东亚四小龙，因为它们的人种、传统同日本相同，并且采取了同日本相似的发展经济的战略和政策，取得了同日本相似的经济奇迹，并且同日本一样开始向欧美倾销商品，所以他称之为"新日本"。他所总结的东亚四小龙的儒家传统中支持经济增长的因素除了卡恩和麦克法库尔所说的以外，还有稳定的政治结构和社会环境，在全体公民中比较公平的分配。1983年12月19日出版的《福布斯》杂志刊登了署名阿瑟·琼斯的文章《亚当·斯密与孔子的相遇之处》，以东亚企业家崛起的大量实例，说明孔子思想所培育的勤奋传统、家庭观念和宗族情谊对于企业的成功和发展所产生的巨大作用。

孔子与东亚的现代化模式

美国的观察家从东亚经济增长方式的共同特征探索了东亚的现代化模式，发现这种模式是同孔子思想密切相关的。美国社会学家彼得·伯格提出，西方的现代化的模式是以个人主义为基础的，现在东方经验提供了现代化的另外一种模式，表明现代化不是非要依靠个人主义不可。他认为渗透到普通人灵魂中的儒家观念给东亚经济发展以强大的推动力（伯格《一个东亚发展的模型：战后台湾经验中的文化因素》，载于台湾《中国论坛》第222期，1984年12月25日出版，第19—21页）。

1983、1984年美籍华裔学者协会发起组织了两次学术讨论会，探讨儒家思想与东亚经济发展之间的关系，主持人是底特律大学亚洲研究会主任、国际政治经济学教授戴鸿超，会后由他主编出版了论文集《儒家与经济发展》，书中第一篇文章是他撰写的《东方的道路：关于文化与经济的假设》。他在这篇文章中对伯格所提出的不同于西方的东亚现代化模式作了十分细致的规定和描述。根据他的说法，西方创造了现代化的理性模式，其本质是合理化的过程，其特征是效率第一，以个人主义为动力；而东方创造了现代化的情感模式，它注重人类的感情纽带在个人各种活动和事业中的作用。孔子指明人类最深的、最崇高的感情是仁，仁应当成为各种伦理规范的基础；孔子要求人与人之间应当维系一种家庭式的关系。因此中国人相互之间以"同胞"相称，也希望企业、国家是扩大了的家庭，人与人之间应当形成家庭式的关系。戴鸿超提出情感模式极其重视群体导向，要求维护从家庭、企业到国家的利益，不能将个人的利益至于群体之上。因此东方公司评价雇员的一条重要的标准就是忠诚和可靠。根据孔子学说，道德与经济可以并行不悖，然而在两者发生矛盾时，人们不可以见利忘义。根据儒学，合理性、效率和利润对于经济成就是重要的，但是它们不应当违背仁的原则，损坏人与人之间的美好感情。这种模式力图达到人类与自然的和谐，维护个人之间协调一致的关系，为此运用伦理准则调节人们的行为。公司经常举行家庭式活动，如公司必须关心成员的各种福利，举办娱乐和体育活动，逢年过节送礼，对于他们的结婚、生日、丧葬，都当作重要的事情加以对待。这些从效率的角度看是浪费人力和物力，但是这是公司社会投资的重要部分，能增强公司成员相互之间的情谊，提高他们的工作积极性。戴鸿超还指出，孔子主张"有教无类"，特别重视学习，因为儒家的思想核心是主张人是可完善的和可教育的，这样儒家东方模式特别注重教育，强调发掘人力资源。他说在东亚，父母、教师和学生对待教育就像虔诚的教徒对待宗教那样认真，政府和社会为教育贡献了相当多的资源。戴鸿超主张现代化的两种模式应该加以结合，东方的情感模式在过去的传统社会未能产生工业化，但是一旦引进西方的技术和资本主义的生产、经营的方式后就造成了经济的迅猛发展。

《论语》与算盘的关系

戴鸿超所说的现代化的东方模式还可以从日本的现代工业之父涩泽荣一的人生道路得到更加具体的说明。涩泽荣一年轻时参加了明治维新，曾任大藏省税收司司长，帮助进行财政、银行和货币改革；后辞职经商，到他1931年去世时为止，共组织了五百个企业，行业差不多涵盖了现代工商业所有领域，他的一生从某种意义上说是现代日本经济的发展史的缩影。涩泽荣一撰写了一部《〈论语〉与算盘》的书，流传很广，后不断再版。此书主张"以《论语》经商"，"把算盘的基础置于《论语》之上"，实际上是调和儒学与资本主义，主要是调和义与利的关系。涩泽荣一在这本书的开头就提出，当时日本的道德准则可以追溯到记述孔子言行的《论语》，从表面上看，《论语》与（谋利的象征）算盘没有一点关系，但是这两者"是完全一致的，《论语》的真价值能够通过算盘加以实现。《论语》与算盘的关系既远又近"。他认为："没有工商业的扩张，我们永远不可能实现民族繁荣。另一方面，如果不以仁义道德原则为基础，民族繁荣不可能持久。今天我们的迫切任务就是把《论语》和算盘结合在一起。"涩泽荣一的基本目的是要把儒学从利用它的统治者和象牙塔中学者的手中拯救出来，尽力使它服务于发展经济的需要，同时又把《论语》作为商人阶级的圣经，用重新解释过的儒学指导国家、企业和个人的经济活动。他提出"士魂商才"的口号，"士魂"是指日本的儒学的精神，他在这本书中说："要培养学者精神，一个人不仅必须读许多书，而且要遵循《论语》提出的道德规范。然而一个人怎样发展经商才能？人们也能根据《论语》发展经商才能。"在他看来，无德经商近于欺骗和浅薄，不可能有真正的商业才能，他说："一个人要想获得真正的经商才能必须学《论语》。"涩泽荣一的一生可以说表现了"士魂商才"。然而涩泽荣一并不崇拜死的孔子，而是探寻在现实世界中为自己开辟道路的活的儒学。

涩泽荣一的思想在日本工商界得到了响应，他的朋友、日本第一保险公司经理矢野恒太感到《论语》"至少对公司里的青年的修养有好处"，所以写了一本《口袋〈论语〉》的书，第一版就销售了数十万册，产生了很大的影响。与此同时《口袋〈论语〉注解》、《口袋〈论语〉注释》、《口袋〈论语〉句解》、《口袋〈论语〉新释》等纷纷问世。直至当代，《论语》在日本各个阶层中仍然受到推崇。日本著名作家武者小路实笃就曾写过《〈论语〉私感》，他说自己从13岁开始读《论语》以来，就一直受到那些话语的抚慰，他从《论语》中看到了自己"生存的原动力"。曾经从事过广告业、指导就业工作的市侧二郎根据自己从事商业活动的经验，写了一本《活在理所当然中》（文香社，1998年10月），用商务和日常生活中的语言，为白领阶层译述《论语》，文句轻松潇洒。如他把《论语·泰伯》中孔子所说"危邦不入，乱邦不居"解说为"经营不稳定的公司，别进去；内部乱哄哄的公司，不如辞职"。他把《论语·里仁》中"子曰：'君子欲讷于言而敏于行'"一句话解释成：老师告诉我管事的体会：报告，要抓住要点，见解明了；业务，要麻利，干脆利索。这样，《论语》在现代日本白领阶层中，或对于初出茅庐的青年人来说就成了就业指南。所以有的述评称赞市侧二郎这本书使《论语》"作为现代生活的指南复苏"（以上见王晓平《歪译〈论语〉和麻婆豆腐糖浆味——从口袋〈论语〉到白领〈论语〉》，载于《中华读书报》2006年8月9日"国际文化"专栏）。

第六章

孔子思想对于当代世界的意义

孔子的名字遍及全世界

随着中国综合国力的增强和国际地位的提高，以及东亚经济的飞速发展，孔子的名字、形象和话语传遍世界各地。现在全球各地教授汉语和中国文化的学校称为"孔子学院"，目前五大洲几十个国家已经建立了七十多所孔子学院，到2006年为止，仅美国就建立了11所孔子学院。根据国家汉语国际推广领导小组的规划，到2010年，全球将建成500所孔子学院和孔子课堂。这是当代孔子的影响在全世界迅速扩展的一个缩影。

如今孔子在全世界受到普遍的崇敬和赞扬，在纽约联合国总部的大堂里醒目地悬挂着孔子的语录："四海之内皆兄弟。"也是在这个城市，在唐人街地铁车站附近耸立着具有东方色彩的巍峨的孔子大厦。加州圣荷西市的中国文化公园的最高处建有高达三十余英尺的孔子铜像。旧金山的中山堂牌楼下有一孔子画像，两旁书写："至德巍巍远播四域，中华文化万古长青。"加州已经把孔子的诞辰日规定为教师节。1982年8月27日旧金山各界在金门公园举行祭孔仪式，美国总统里根指派他的代表参加仪式，他在给祭孔大典筹备委员会的贺辞中说：在孔子诞辰2533周年之际，"我们尤应缅怀与推崇这位思想家的贡献"，"孔子的高贵的行谊与伟大的伦理道德思想不仅影响他的国人，也影响了全人类。孔子学说世代相传，提示

美国洛杉矶举行孔子纪念日活动的决议书

澳大利亚悉尼唐人街牌楼

全世界人类丰富的做人处世原则"。这个评价实际上代表了美国人民对孔子的认识。

在欧洲也出现了纪念孔子的雕塑。德国柏林马灿区的得月园入口处，矗立着两米多高的白麻花岗岩孔子雕像，基座上刻着孔子的名言："己所不欲，勿施于人。"

2005年是孔子诞辰2556年，在孔子诞辰日9月28日前后，联合国教科文组织、国际儒联、山东省人民政府等机构和组织联合主办"2005年全球联合祭孔"活动。山东曲阜孔庙为全球祭孔的主会场，有24个国家和地区的代表参加，上海、天津、吉林长春、浙江衢州、云南建水、甘肃武威、福建泉州、香港、台北，以及海外的韩国汉城、日本足利、新加坡韭菜芭、美国旧金山、德国科隆等地联合祭孔。孔子可以说是世界上最受尊敬、影响最大的中国人。这种祭祀活动呈现出在地域和规模上逐步扩大、思想意义渐渐提高的趋势，它有利于中国传统文化走向世界，能够促进在全世界探索、发掘、弘扬、推广孔子思想的现代意义。

美国旧金山唐人街宣扬儒家道德观念的牌楼

国际外交舞台上的孔子话语

当今世界是合作和竞争并存的时代。随着全球化的进程的加速，各国之间在外交、经济、文化、科学技术等各个方面各种形式的合作以越来越大的势头在向前发展，各国人民之间的交流、相互之间的了解和友谊达到了前所未有的广度和深度。然而与此同时，国与国之间的利益和观念的冲突仍然普遍存在，在某些领域常常爆发惊心动魄的斗争，而在某些地区这种冲突变得十分尖锐激烈，造成无辜百姓大量死亡和重大的财产损失。此外，人类发展现代文明的各种观念、手段、方式严重失衡，加剧了各个阶层、地区、国家和民族之间的矛盾、甚至对立，出现了强者恒强、弱者恒弱、富者愈富、贫者愈贫的马太效应和愈演愈烈的生态危机。这些负面现象表现为世界不同的地区和国家贫富悬殊，民族和宗教矛盾的激化，恐怖主义和单边主义的盛行，国际语言的单一化，民族文化的萎缩、边缘化、及其个性的丧失，人口激增，能源危机，环境污染，全球变暖，热岛效应，交通拥挤。所有这些成为全球性的重大问题，严重地阻碍着各国社会、经济的可持续发展和人民生活质量的提高，造成单向度的人和世界。当代世界出现的这些急待解决的重大问题凸显了孔子思想的价值。

从世纪之交开始，中国国家领导人在外国访问时越来越多地阐述中华文化传统中具有普遍价值的思想，一方面用以说明中国所从事的伟大事业的精神基础和思想来源，以回应西方价值观念的挑战，另一方面把它们用来解决当代世界的重大而迫切的问题。他们所弘扬的传统观念主要来自孔子和儒家。

1997年秋天国家主席江泽民访问美国，11月1日他在哈佛大学发表的讲演中指出，中国在自己发展的长河中形成了优良的历史文化传统。这些传统随着时代变迁和社会进步获得扬弃和发展，对今天中国人的价值观念、生活方式和中国的发展道路，具有深刻的影响。他在这篇讲话中总结了四个传统，即团结统一、独立自主、爱好和平、自强不息的传统。他还针对当今世界的生态危机，追溯了"天人合一"的宇宙观的形成。所有这些传统都发源于儒家经典，与孔子思想一脉相承。

2002年10月江泽民再次访美，24日他在乔治·布什总统图书馆的讲话中特别提到孔子的和的观念：说："两千多年前，中国先秦思想家孔子就提出了'君子和而不同'的思想。和谐而又不千篇一律，不同而又不相互冲突。和谐以共生共长，不同以相辅相成。和而不同，是社会事物和社会关系发展的一条重要规律，也是人们处世行事应该遵循的准则，是人类各种文明协调发展的真谛。"这是对孔子的和的观念在当代世界的意义的精辟阐述。在当代，国家之间、民族之间、地区之间，存在这样那样的不同和差别是正常的，也可以说是必然的。但是，不同的价值观念和治国模式不应成为发展国家间合作关系的障碍，更不应成为一国对另一国干涉的借口。世界各种文明、社会制度和发展模式应相互交流和相互借鉴，在和平竞争中取长补短，在求同存异中共同发展。江泽民在讲话中还特地提到《论语》中"和为贵"的话语和孔子的诚信思想，说"中华民族自古就有以诚为本、以和为贵、以信为先的优良传统。中国在处理国际关系时始终遵循这一价值观"，表示中国对外政策的宗旨是维护世界和平、促进共同发展。所有这些论述充分表明孔子思想在当今世界具有强大的生命力。

国家主席胡锦涛发展了江泽民的思想，2005年9月，在纪念联合国成立60周年大会上他发表演讲，向世界各国首脑提出了建立"和谐世界"的伟大主张。这是中国国家领导人在世界舞台第一次明确提出"和谐世界"这一理念，此后他在重大的国际外交场合进一步系统地论述中国传统观念对于当代中国和世界的重要意义。2006年4月21日，胡锦涛在耶鲁大学发表演讲，从四个方面讲述中华传统价值。第一是以民为本，尊重人的尊严和价值。这是弘扬儒家的仁的观念和中华文化的人本主义精神。孔子提出"仁者爱人"（《论语·颜渊》），主张"泛爱众而亲仁"（《论语·学而》）。孔子的伟大贡献就在于他不仅指明了仁爱是各种美德的总根源，把它规定为伦理学的基本准则，描绘为一种理想的人格和生活方式，而且更重要的是他把仁确立为人类文明的最高价值，应当成为人类文明的各个领域的根本指针。因此，孔子认为治国之道在"节用而爱人，使民以时"（同上），指出施政的要点在于"养民也惠"（《论语·公冶长》）；在经济上提倡"富民"；在法律上他要求"胜残去杀"。而孟子在此基础上极大地发展了仁政思想和民本观念。儒家的仁爱观念和民本哲学同西方的自由、民主和人权观念有许多相通之处，例如它们都主张尊重人的价值和尊严，但是，与西方的价值不同的是，儒家所理解的人不等于个人，并不认为个人的价值和权利是至高无上的，而是在尊重个人的尊严和强调个体与自我的价值的同时，强调个体同他人和社会建立一种和谐的、互动的关系，既反对自我中心型的个人主义，也拒绝抹杀个体性的国家至上主义，拒绝任何超越于仁的东西。这种民本思想的当代意义像胡锦涛所说："就是坚持发展为人民、发展依靠人民、发展成果由人民共享，关注人的价值、权益和自由，关注人的生活质量、发展潜能和幸福指数，最终是为了实现人的全面发展。"

胡锦涛所推崇的第二个传统精神是"自强不息"，"革故鼎新"。在这里他揭示了五千年中国文明的强大生命力和不竭的创造力的深刻根源。自强不息、革故鼎新的精神有其深厚的哲学根基。儒家特别强调自我意识，把"成己"、即成就完美的自我、成为真正的人规定为个体的人生使命，是文化的最高目的。所以孔子说"古之学者为己，今之学者为人"（《论语·宪问》），因此他提出"君子求诸己，小人求诸人"（《论语·卫灵公》）。根据《中庸》，成己要同"成人"、"成物"相结合，即自我完善、自我发展、自我实现要同关爱帮助他人、改造环境、完善世界相结合。成己不是脱离、而是通过成人、成物的过程进行和实现的，成己作为人性的实现、自我实现的过程，必定不断地增强社会责任感和参与意识。自强不息的精神与自由的精神一样，也能焕发巨大的精神力量，使人们能够独立自主，自尊自信，自觉自得，自强奋斗，坚韧力行，自我完善，自我发展，因此也是一种自立开辟的不竭的创造精神。根据儒家经典，自强不息必须同厚德载物相结合，因此能够避免西方自由主义可能导致的自我放纵、自我中心、危害他人的流弊。

在耶鲁讲话中胡锦涛主席提出的第三个传统思想是和谐的观念。由于当代文明高度发展，各方面的关系极其纷繁复杂，在实际生活中它们常常失去平衡，因此在当今世界和的观念可以成为正确处理各方面关系的指导思想。正像胡锦涛主席在耶鲁大学所说："今天，中国提出构建和谐社会，就是要建设一个民主法治、公平正义、诚信友爱、充满活力、安定有序、人与自然和谐相处的社会，实现物质与精神、民主和法治、公平和效力、活力和秩序的有机统一。"这是在当代用和的观念来治理国家和社会要达到的目标。

胡锦涛这次讲话提到的第四个中华文明传统是"亲仁善邻，讲求和睦相处"，并且由此再次向世界保证，中国坚决奉行和平的外交政策，坚定不移地走和平发展的道路，这是把和的观念应用于处理国际关系，是和的观念的现代价值的又一显示。当今世界不少地区恐怖主义盛行，而霸权主义、单边主义使恐怖主义活动更加猖獗，因此和的观念对于建立一个以理想的国际秩序为基础的新世界具有特别重要的意义。胡锦涛在离开美国访问沙特阿拉伯时，于同年4月23日，在沙特阿拉伯王国协商会议发表题为《促进中东和平建设和谐世界》的演说，根据"和谐世界"理念进一步提出了建设"和谐中东"的建议，主张从三方面同时并进以建立和谐世界，即：（一）各国和谐共处，互相尊重各自的发展道路；（二）全球经济和谐发展，平衡发展，实现各国互利共赢；（三）不同文明的和谐进步，要维护发展模式的多样性，在平等对话、开放兼容中通过文明竞争取长补短，在求同存异中共同发展，反对以文明差异为由干涉别国内政，贬低其他文明。这样和谐世界的理念的内容就得到进一步的丰富，这必将有力地推进建立良好的世界新秩序的过程。

孔子思想与人权

近年来国外多次举行会议讨论儒家与人权的关系，虽然有人认为儒学维护等级制和专制主义，因此同人权观念是对立的，但是许多学者驳斥了这种观点，从各种不同的方面说明儒家传统促进了人权思想的发展。

哥伦比亚大学教授狄百瑞提出，人权思想并非西方所独有，儒学中包含了不少与人权观念相关、相似或相通的内容，这方面的思想丰富和加深了人们对人权的认识。他论证说，孔子的根本观念仁构成了儒家人道主义的思想基础；儒家特别关心人的现世需要，在世界几种传统中它最富有人文精神，因此不可能与人权毫不相关。西方人权观念的思想基础之一是人天生有尊严，人天生有平等权利，与此相似，儒家肯定人人皆有善性，人人都由天地禀气而生，受命为性，皆为天之子。他认为这种哲学促使政府以仁为准则，关心百姓利益，改变社会和个人的反人道行为（以上见狄百瑞《理学与人权》，载于勒罗易·罗纳主编的《人权与世界宗教》，美国印第安纳州圣母出版社，1988年，第184—193页）。

以夏威夷大学中国研究中心主任、美国《东西方哲学》杂志主编安乐哲和圣玛丽学院哲学系主任罗斯蒙特为代表的学者认为，儒学虽然没有产生西方式的普遍人权观念，但是它的理论体系和它创造的文明同样能够保护个人的利益和安全，在这方面有时能比西方的人权观念更好地发挥作用。

安乐哲根据孔子所推崇的礼的社会意义说明儒学与人权的关系。按照他的分析，礼的传统重视家庭和社群的作用，这在相当大的程度上限制了政府的机构和权力的恶性膨胀。他说："在纠正人们有害的思想感情以维护社会的秩序和和谐时，礼靠的是引导和熏陶，而不是生硬的禁止和可怕的惩罚。"安乐哲以为人权的观念促进西方文明的发展的历史功效是显而易见的，但是过度地夸大个人权利的作用最终要危害人权。因此，他提出儒家重礼的传统与西方人权的观念在肯定人的价值与尊严、维护个体的权利、促进社会进步方面，各有其长处，不能相互代替，不能以西方的普遍人权观念来贬低东方的传统（以上见安乐哲《儒家提供的选择：作为权利的礼》，载于勒罗易·罗纳主编的《人权与世界宗教》，第199—214页）。

罗斯蒙特在其《一面中国镜子》的书中阐述了这样一种思想：儒家关于人的理论可以弥补西方人权观念的局限性。他认为西方的人权观念导致西方民主制度的发展和西方文化的繁荣，但是造成了种种严重的社会问题，如大城市充满了吸毒、暴力等丑恶现象。美国在原来的思想框架内所采取的许多措施，不仅没有明显见效，在有些地方情况反而恶化了。他说，儒学重视生命的意义，提倡个体关心他人，强调个体对于他人、家庭、社会和国家的责任，力图维护社会的和谐与秩序。它虽然从未引用人权的概念，但是仍然会促使人们去谴责"政府的镇压、扣押人质、摧残拷打的行为、恐怖主义，以及其他种种罪行"。他相信，美国市民如果不受个人权利至上观念的束缚，而像儒家那样做一个负责任的家庭成员、邻居、朋友、市民或公民，那么美国城市就能够得到很好的治理（见罗斯蒙特《一面中国镜子》，美国伊利诺斯州奥彭会出版，1991年，第76—78页）。

孔子思想与市民社会

二十世纪八九十年代以来，市民社会的问题在各国受到广泛的注意。同专制主义体制以独裁政治控制的社会不同，市民社会是以自由和民主的观念为基础的法制社会，充分发扬市民、社群在政治问题和社会事务上的自主性、首创性和积极性，注重社会管理的公开性和开放性，因此公民最充分地参与公共事务，社会具有极大的活力。

关于儒学与市民社会的关系，美国当代主要社会学家之一、芝加哥大学教授爱德华·希尔斯做了深入细致的考察，他的观点在西方很有代表性。他首先注意到儒学中有不少内容妨碍市民社会的生长，如孔子特别重视家庭和国家的作用，不知道要发扬社会团体的主动性，不懂得法律的重要性，不给商人以较高的社会地位，等等。因此他认为孔子设想的政治秩序不包括市民社会，这就是东亚近代没有产生发达的市民社会的一个原因。

但是希尔斯又发现，孔子"确实提供了某些很有特色的东西，它们有助于市民社会的运作"。它们主要有：

一．权力受限制的政府。市民社会一方面主张用宪法、法律和传统限制政府的权力，另一方面鼓励公民参加政治活动，希尔斯认为儒学在这两方面都产生了积极的作用。儒家虽然不懂得宪法和法律的作用，但是力图用传统、天的观念、伦理道德和圣人的榜样来限制统治者的行为。他说："儒家宣称政府的权力必须限于那些为道所允许的行为。孔子从不建议政府插手管理商人、农民和手工业者的事务。"他引用《论语·卫灵公》中的孔子语录："无为而治者，其舜也与？夫何为哉？恭己正南面而已矣。"他以为这句话非常清楚地反映了孔子限制政府权力的思想。

二．儒家知识分子的参政、议政的意识。儒家有经世致用和清议的传统，儒家相信，士人读了圣人之书，按照道德规范行事，有责任从道德和知识上指导统治者，在对统治者反复劝告不听的情况下，应当辞职离去。希尔斯认为这种思想是与市民社会的要求相一致的。儒家有强烈的社会责任感，视国家、人民之事为己之事，这使希尔斯相信"在儒学中给市民社会的某些方面保留了位置"。

三．不迷信政治手段。市民社会不把政治视为最高的价值和目标，只是把它当作实现其价值的手段，希尔斯认为儒家也有类似的思想。孔子把一种非政治的人格作为自己的志向；他将礼乐置于高于政治的地位，并且用道德来建立人道的社会。希尔斯说："这种价值的多元对于市民社会也是适合的。它对政治狂热是一种制约，而政治狂热对市民社会是有害的。"

四．儒家伦理促进市民品德的完善，这是希尔斯最重视的方面。在他看来，市民道德与市民社会的机构、组织同样重要，因为前者能够使后者卓有成效地发挥作用。他特别欣赏孔子的仁的观念，因为奉行这一观念在任何时代，无论是对治国者，还是对人民来说，都是头等重要之事。他发现孔子赞扬的人格有许多正是为市民社会所需要的。孔子说："人不知而不愠，不亦君子乎？"（《论语·学而》）希尔斯分析此话可能是针对一个满腹经纶却不为君主赏识的士人说的，但是希尔斯认为这种态度对于那些在竞选中失败的候选人的意义是一样的。孔子还提倡温和，告诫人们不要采取不义的和激烈的行为去夺取自己所向往的东西和对待异己的力量。希尔斯说："孔子虽然没有生活于市民社会，但是他确实领会了这样一件事的重要性：'一个社会中在争夺稀少之物的竞争者之间怎样保持和睦。人们在追求自己的目标（不论它多么重要）时，如果没有接受失败的品质，那么一个社会不可能成为市民社会。'"根据以上所说，希尔斯提出，从某种意义上说，"孔子可以被认为是市民社会思想的先驱"（以上见希尔斯的《对市民社会与中国思想传统中的市民性的思考》，载于杜维明主编的《东亚现代性中的儒家传统》，哈佛大学出版社，1996年，第46–71页）。

北宋著名的哲学家邵雍在其《皇极经世》中说："人谓仲尼惜乎无土，吾独以为不然。匹夫以百亩为土，大夫以百里为土，诸侯以四境为土，天子以四海为土，仲尼以万世为土。"这段话的意思是说：人们都为孔子未能治理一块国土而感到可惜，他却不以为然。他认为，如果说一个农民以百亩田地为他的家业，大夫以百里土地为他的治理区域，诸侯以一个国家为他的管辖地区，天子以天下为他的统治范围，那么孔子不仅不受这些地区的限制，甚至不受时间的限制，因为一个农民、大夫、诸侯、天子经过一段时间，至多数十年之后，在他们死去以后，他们的所有权或统治权也就归于别人；而孔子则不同，他提出的思想将永远指导人们，万世所有的人都要服从他的教诲。如果撇开孔子思想中具有时代局限性的部分，就其中弘扬人文精神的内容以及主张和谐、中道的哲学而言，邵雍这段话可以说是对孔子在人类文明中的地位和作用的深刻而生动的描述。过去二千五百年的历史已经表明此话无误，以后的人类历史还将证明它的正确。随着人类历史的发展，孔子思想的意义将越来越多地被阐发出来。

深入阅读

杨伯峻撰：《论语译注》，中华书局，2004年出版。

钱穆著：《孔子传》，三联书店，2002年出版。

匡亚明著：《孔子评传》，南京大学出版社，1990年出版。

朱谦之著：《中国思想对于欧洲文化之影响》，商务印书馆，1940年出版。

杨焕英著：《孔子思想在国外的传播与影响》，教育科学出版社，1987年出版。

施忠连著：《现代新儒学在美国》，辽宁大学出版社，1994年出版。

何寅、许光华主编：《国外汉学史》，上海外语教育出版社，2002年出版。

利奇温著：《十八世纪中国与欧洲文化的接触》，商务印书馆，1962年出版。